개념화와 의미 해석

저 자 약 력

▌이 수 련

국어의미론 전공
이화여자대학교 국어국문학과 졸업
부산대학교 석사, 박사 과정 수료
현 동의대학교 인문대학 국어국문·문예창작학과 교수

〈저서와 논문〉
저서 한국어와 인지(2001), 한국어 소유표현 연구(2006) 외 논문 30여 편

개념화와 의미 해석

초 판 인 쇄	2015년 12월 10일
초 판 발 행	2015년 12월 15일
저 자	이 수 련
발 행 인	윤 석 현
발 행 처	도서출판 박문사
책 임 편 집	최인노·김선은
등 록 번 호	제2009-11호
우 편 주 소	서울시 도봉구 우이천로 353 성주빌딩 3층
대 표 전 화	02) 992 / 3253
전 송	02) 991 / 1285
홈 페 이 지	http://www.jncbms.co.kr
전 자 우 편	bakmunsa@hanmail.net

ⓒ 이수련, 2015. Printed in KOREA

ISBN 978-89-98468-82-8 93700   정가 15,000원

개념화와 의미 해석

이수련 씀

박문사

이 책은 2006년 〈한국어 소유 표현 연구〉를 낸 지 9년 만에 내는 책입니다.

그동안 학교생활을 돌이켜 보면 참 바쁘게만 살아왔습니다. 학기 중에는 학생들을 가르치느라고, 방학에는 논문을 쓰느라고 개인적인 일은 접어 두고 그야말로 '일'에만 몰려서 허덕거리며 시간을 보내었습니다.

그런데 퇴직한다면 하고 생각해 보니, 바쁘게 살아온 지난 시간이 마냥 헛되게만 느껴지지 않습니다. 특히 논문을 쓰는 시간은 자기와의 싸움으로서 혼자 힘들기는 했지만, 전공과 관련한 문제들을 여러 각도에서 해석해 볼 수 있다는 점에서 재미도 없지 않았습니다.

그렇기는 하지만 시간이 흘러 갈수록 체력이 고갈되고 힘들어 하는 자신을 보게 되었습니다. 그동안 한국어 의미론을 전공한다고 이름 붙이고 30년 이상의 세월을 혼자 끙끙대기만 했지 학문적 업적은 쌓지 못한 채 무의미한 날개 짓만 하고 말았습니다. 처음부터 좀 더 큰 그림을 그린 다음, 작은 작업들을 해 나갔으면 보다 더 알찬 결과가 나오지 않았을까하는 후회가 들기도 합니다. 또한 이 책은 몇 년 전에 출간하려고 했는데, 조금 더 보충하겠다고 머뭇거리다가 보니까 성과는 없이 출간만 늦어져 버렸습니다. 저의 게으름을 탓할 뿐입니다.

이 책은 국어의미론과 관련된 내용입니다. 의미론은 그동안 구조의미론, 변형생성의미론, 화용론, 인지의미론 등으로 변화 발전해왔다고 볼 수 있습니다. 곧 의미를 구조적, 체계적으로 분석하는 구조주의 관점에서, 의미 해석을 심층구조에서만 또는 표층구조에서도 관여하는 것으로 볼 것인지의 변형주의를 거쳐서, 의미를 담화층위의 거시적인 관점에서 객관적 자료 중심으로 접근하는 화용주의에서, 지금은 의미를 사람의 경험을 토대로 한 신체화의 관점에서 사람이 언어를 어떻게 지각, 기억하고, 비유적으로 빗대어서 쓰는지에 관심을 갖는 인지주의 관점에 이르렀습니다. 그런데 현재 의미를 인지주의의 관점에서 많이 논의한다고 해서, 이 인지주의가 의미를 분석하고 해석하는 절대적 방법론이라고 보지는 않습니다. 다만 현재까지 나온 의미론 이론 가운데서 의미를 해석하는 데 가장 적합한 이론이라고 봅니다. 왜냐하면 이 이론은 얼핏 보면 직관에 의존하는 것 같지만 많은 언어 자료를 체계적으로 분석하여 객관적인 관점을 취하기도 하고, 또한 이성주의 관점을 취하는 것처럼 보이지만 경험주의를 바탕으로 하는 이론이라는 관점에서 어느 한 쪽으로 기우는 이론이 아니라는 것은 분명해 보이기 때문입니다. 그러나 이 세상에 절대적 진리는 없으며, 아무리 이상적인 이론도 시간이 지나면 조금씩 바뀌기도 하고, 심한 경우 사라지기도 합니다.

이 책은 인지주의 관점에서 의미를 분석, 해석하려는 관점에 있습니다. '개념화'란 사람이 객관적 사태를 지각하고, 이를 기억하며, 또한 이를 끄집어내어서 쓰는 머릿속에서 일어나는 모든 과정을 일컫습니다. 그런데 학문의 체계를 세우기 위해서 한 시대의 유행에 편승해서 어떤 이론에만 의존하는 것은 좋은 태도가 아니라고 봅니다. 따라서 이 책에서는 인지주의 관점을 참고로 하기는 했으나, 나름 독자적인 관점을 취해 보려고 했다는 점도 고려해 주기를 바랍니다.

　이 책은 총 4부로서, 1부는 〈개념화와 비유〉, 2부는 〈개념화와 주관화〉, 3부는 〈개념화와 시각화〉, 4부는 〈개념화와 월〉로 이루어져 있습니다. 곧 1부는 비유적 용법인 은유, 환유도 개인적인 시각이 아니라 각 나라의 문화, 경험들이 축적되어 도식화된다는 것을 보여 주려고 했고, 2부는 어떤 객관적인 대상도 어느 관점에서 보느냐에 따라서 언어 표현이 달라진다는 것을 공간, 시간 표현을 통해서 분석해 보았습니다. 3부도 객관적인 표현이라고 하는 시각 표현도 보는 관점에 따라서 주관적으로 해석된다는 점을 보여 준 것으로서, 모양흉내 말도 시각으로만 볼 수 없고 시청각으로도 해석된다고 보았습니다. 또한 '보다'라는 움직씨도 일반적으로는 시각을 나타내는 풀이씨이지만 이 또한 인지 풀이씨로도 해석된다고 분석해 보았습니다. 마지막으로 4부는 월의 어떤 요소도 개념 화자가 어떻게 주관적으로 해석하느냐에 의미가 달라진다고 보았습니다. 곧 겹 부림말(겹 목적어)도 개념 화자가 초점 전이를 같은 영역인가 다른 영역에서 일어나느냐로 보는가에 따라서 월의 의미 해석이 달라질 수 있음을, 또 일인칭 대명사도 개념 화자가 대상을 어떻게 주관적으로 해석하는가에 따라서 '내가'는 개념 화자가 언어로 표현된 '나'를 바라보는 표현이고, '나에게'는 개념 화자가 언어로 표현된 대상을 바라보는 표현으로서 의미 해석이 달라질 수 있음을 밝혀 보았습니다.

이 책이 나오기까지 옆에서 직·간접으로 도와준 분들이 많으십니다. 직접적으로 도와준 가족들이 가장 고맙고, 또한 같은 길을 가고 있는 국어 전공자님들, 그리고 학교 동료 교수님들 모두에게 감사의 뜻을 보냅니다. 특히 작년 4월에 별세한 부산대 박선자 교수님의 한글 사랑에 대한 열정은 글쓴이에게 큰 귀감이 되었습니다. 글쓴이에게도 그런 열정이 조금 있다면 이 책에 그 흔적이 묻어나기를 바랄 뿐입니다.

벌써 여름이 가고 가을을 느끼게 됩니다. 또 무더위의 나른한 기운을 툴툴 털고 새로운 가을을 맞이하러 일어서야겠습니다. 기대는 설렘의 친구인가 봅니다.

부산 금정산 기슭에서 여름을 보내며
2015년 9월
저자 씀

차 례

제 I 부
개념화와
비유

개념화와
의미 해석

제1장

영상 도식의 특질과 실제

우리가 하는 언어 표현은 거의 비유적으로 이루어진다고 볼 수 있다. 비유법은 은유와 환유가 대부분을 차지하는데, 이들도 더 추상적인 도식으로 추려 보면 영상 도식이 된다. 따라서 우리가 영상 도식을 안다면 언어를 이해하는 데, 많은 도움이 될 것이다. 또한 영상 도식은 모국어 화자가 사물이나 사건을 어떻게 인지하는가를 알 수 있는 단서를 제공한다.

이 장에서는 영상 도식의 특징과 분류를 살핀 다음 영상 도식의 실제적인 보기를 그릇 도식, 경로 도식, 부분-전체 도식으로 나누어서 살핌으로써, 영상 도식의 정체를 밝혀보고자 한다.

1.1. 영상 도식의 특질

1.1.1. 영상 도식의 분류

영상 도식(image schema)에 관한 연구는 언어학자들과 철학자들의 주요한 관심사 가운데 하나였다. 그들은 영상 도식이 어떻게 언어로 개념화되며 그것이 관여하는 표현의 해석이 어떻게 다른가에 초점을 둔다.

영상 도식에 대한 분류는 학자들마다 차이가 많다. 이들의 분류를 M. Johnson, G. Lakoff, Cienki, Clausner & Croft의 순서로 살피기로 한다.

먼저, M. Johnson(1987:126)은 영상 도식의 이론을 제공하고자 시도를 했다. 그는 '영상 도식들이 널리 침투해 있으며, 충분히 명확하며, 우리의 이해와 추리를 제약함에 족할 만큼 내적 구조에 가득 차 있다.'고 보고, 다음과 같은 도식의 일람표를 보이고 있다(이기우 옮김 1992:216- 218).

용기	밸런스	강제
방해	대항력	제지의 제거
힘의 가능성	견인	질량 계산
길	연결	중심-주변
주기	원-근	계측
부분-전체	경계	분할
충만-공허	적합	겹치기
반복	접촉	과정
표면	대상	모여진 것

M. Johnson은 영상 도식을 '용기, 방해, 힘의 가능성, 길, 주기, 부분-전체, 충만-공허, 반복, 표면' 등 아홉 가지로 나누고 있다.

둘째, G. Lakoff(1987)는 영상 도식을 한층 더 상세하게 연구하였다. 그는 가장 현저한 몇 가지 영상 도식인 '용기, 부분-전체, 연결, 중심/주변, 기점/경로/목표' 영상 도식의 구조적 요소와 내적 논리를 기술했다. 그는 또한 영상 도식 표현이 불변성 가설의 제약을 받는다는 것을 입증하고자 했다. 그래서 Lakoff(1990, 1993)은 추상적 추론과 영상 도식에 기초한 은유적 본뜨기(mapping) 사이의 관계와 관련하여 불변화 가설(invariance hypothesis)을 형식화했다[1]. 이 원리는 본뜨기에 대한 근원 영역의 영상 도식 구조가 보존되어 그 구조가 그에 대응하는 목표 영역의 구조와 일치한다고 본다.

셋째, Cienki의 분류(1991:12)는 '더 일반적인 영상 도식', '더 구체적인 영상 도식'으로 나눈 다음 '더 일반적인 영상 도식'은 '과정, 경로, 사물, 그릇, 힘' 등 다섯 가지로 나누고 있다(임지룡·김동환 옮김 2006:65-80).

더 일반적인 영상 도식	더 구체적인 영상 도식
과정	조화, 합병, 접촉, 연결, 분열
경로	곧음, 척도, 반복, 순환
사물	부분-전체, 중심-주변, 표면, 질량-가산, 수집
그릇	가득함-텅빔, 표면, 중심-주변
[힘]	인력, 권능, 강요, 저항, 봉쇄, 장벽제거

---

1 G. Lakoff(1993)에서는 은유에 의존하지 않는 내재적 구조가 목표 영역에 있음을 실질적으로 인정하고 그는 1990년의 '불변화 가설'을 목표 영역의 내재적 구조에 합치하는 방식으로 하는 단서를 붙여 불변화 원리(invariance hypothesis)라고 명칭을 바꾸었다.

넷째, Clausner & Croft(1999:15)의 영상 도식 분류는 '공간, 척도, 그릇, 힘, 단일체/복수체, 일치, 존재'의 일곱 가지로 나누어 다음과 같이 제시하고 있다.

공간	위-아래, 앞-뒤, 좌-우, 가까움-멂, 중심-주변, 접촉
척도	경로
그릇	포함, 안-밖, 표면, 가득함-텅빔, 내용
힘	균형, 저항, 강요, 장벽제거, 권능, 봉쇄, 전환, 인력
단일체/복수체	합병, 수집, 분열, 반복, 부분-전체, 질량-가산, 연결
일치	조화, 상위부과
존재	제거, 한정, 공간, 순환, 사물, 과정

위 네 사람의 영상 도식 분류를 볼 때, 학자들마다 취한 개인적인 분류에서 차이가 있음을 알 수 있다. 이처럼 영상 도식이란 매우 추상적이고 의미론적인 기준이어서 분류하기가 쉽지 않음을 알 수 있다.

이로 볼 때, 영상 도식의 분류는 학자들마다 개인차가 있고, 또한 너무 세분화되어 있다고 볼 수 있다. 따라서 이 글에서는 영상 도식을 더 일반화하여 분류를 세 가지 정도로 나누기로 한다. 이 분류는 그릇 도식, 경로 도식, 부분-전체 도식 세 가지로서, 이는 M. Sandra Peña(2003)를 참고로 한 것이다. 또한 이런 도식 아래 어떤 하위 은유가 있는지를 살펴보기로 한다.

1.1.2. 영상 도식의 본질

R. W. Langacker(1987, 1991)에 의하면, 도식(schema)이란 같은 사물을 가리키는 다른 표시보다 개략적으로 기술된 의미구조·음운구조·상징구조를 가리킨다. 도식을 정교화(elaboration) 또는 실례화한 것이 원형과 확장 사례이고, 이 둘을 도식의 실례(instance)라고 한다.

그런데 영상 도식은 도식과는 많이 다르다. 영상 도식에 대한 정의는 학자들마다 다르다. Johnson(1987:44)은 영상 도식을 '반복적인 패턴이나 구조를 표명하는 우리의 경험과 이해 안에 있는 조직적이고 통합된 전체'라고 정의하고, Lakoff(1989:114)은 영상 도식은 '근접관계를 보존함으로써 기하학을 일반화한다는 점에서 위상적이다.'라고 설명한다.

인지언어학에서 도식 이론을 원용하는 것은 도식이 더 원초적인 경험에 기초해서 언어 체계나 언어 구조의 기저에 있는 것이 명확하다고 보기 때문이다. 그러므로 영상 도식은 사람이 지각과 운동의 모형이 반복적으로 경험해서 얻어지는 것으로서, 이를 추상화하여 만들어 낸 전언어적인 표상이다.

다음 Lakoff는 신체성을 기초로 하여, [안-밖] [용기] [상-하] 따위의 영상 도식이 관용구, 비유의 생성, 이해나 범주의 확장에 적용할 수 있다고 설명한다. 곧 외부 세계는 인지 주체의 시점에서 독립해서 존재하는 것이 아니라, 사람은 외부세계의 대상을 영상을 통해서 파악한다고 보는 것이다. 영상은 구체적인 경험과 관련해서 형성되는 심적 표상의 일종이다. 인지 주체, 언어 주체로서 사람은 구체적인 경험에 의해서 대상을 파악할 뿐만 아니라 상황에 의해서 구체적인 영상을 확대해서, 이 확장된 영상으로써 추상적인 대상을 이해한다고 볼 수 있다.

이러한 영상 도식이 가능한 것은 추론(inference)에 의해서 가능하다. 추론이란 바르게 상정된 기지의 지식을 이용해서, 새로운 지식을 도입하는 것을 말한다. 추론에 의해서 획득된 결론은 항상 올바르다고 할 수는 없지만, 일상생활에서는 여러 가지 장면에서 추론이 행해진다[2].

지금까지 논의를 통합하여 영상 도식의 특징을 정리하면 다음과 같다.

  ㄱ. 전언어적 단계에서 설정되는 것.
  ㄴ. 생득적인 것이 어떤 한 방향, 운동 신체적으로 조작된 경험에서 형성되는 것.
  ㄷ. 물리적인 본뜨기뿐만 아니라 추상적인 본뜨기를 파악하기 위한 기본 단계라는 것.

범주화는 분절(articulation)적 사고에서 비롯된다. 이것은 닫힌 사고에서 비롯되었다고 볼 수 있으며, 어떤 사물을 정의하기 위해서는 필요충분을 충족해야만 된다고 보는 아리스토텔레스의 사고를 말한다. 따라서 범주화는 포함관계의 속성으로도 설명이 가능하다.

---

2 '시간이 있으십니까?'라는 발화가 '이야기를 하고 싶다'라는 뜻으로 해석 가능한 것도 화용론 충위의 추론이 있기 때문에 가능하다.

그런데 인지언어학에서는 우리가 어떤 사물을 인식하는 전형적인 방법이 분절주의가 아니라 연결주의로 본다. 이 연결주의(connectionism)의 개념에서 비롯되는 것이 원형이론(protype theory)이다. 원형(protype)은 중심의 전형적인 보기로서 어떤 사물의 핵심이면서 주변과 연결된다. 이 점이 범주화이론과 다른 점이다. 이에 대한 효과는 E. Rosch(1975)에 의해서 증명된 바 있다[3]. 이 원형 효과에 대한 것을 정리하면 다음과 같다.

> 가. 피험자에게 '참새는 새다'가 '펭귄은 새다'보다 답변을 하는 데 시간이 덜 걸리게 된다. 곧 전형적인 사례의 경우가 그렇지 않은 경우보다 반응 시간이 짧다.
>
> 나. 어떤 범주의 전형적인 사례는 전형성이 높은 것에서 낮은 사례로 일반화되지만, 그 역은 성립되지 않는다.
>
> 다. 전형성은 가족유사성과 관련이 있다.

이러한 원형 효과가 가능한 것은 추론에 의해서 가능하다. 추론에는 연역적 추론과 귀납적 추론이 있다[4].

영상 도식은 범주 가운데 가장 원형적인 꼴이다. 범주 가운데 가

---

3 풀이씨의 경우도 짧은 꼴이 무표, 긴 꼴이 유표로서 더 원형에 속한다. 형태와 의미가 관련성이 있음을 보여준다(이수련 2001:34-36).

4 귀납적 추론은 상향식(bottom-up) 모형으로서 자료 중심(data-driven)의 방법론에 의한다. 곧 구체적인 개개의 경험적 사실에서 더 일반적인 결론을 도출하는 것을 말한다. 연역적 추론은 하향식(top-down) 모형으로서 개념 중심(conceptually driven)의 방법론에 해당한다. 이 방법은 일반성이 더 높은 개념을 이용해서 하위의 개념을 이해하는 추론이다. 가장 대표적인 것이 아리스토텔레스의 삼단 논법이다.

장 중심적인 도식에서 주변적인 도식으로 연결해 주는 것이 추론이
다. 영상 도식은 범주의 기본 층위에서 비롯된다. 따라서 추론의 사
고가 없다면 영상 도식도 성립하기 어렵다.

　영상 도식은 여러 가지 언어 표현을 동기화하는데, 특히 은유의
인지적 기반으로서 유효하다. 보기 들면 '위·아래' 영상 도식은 상
하 감각이 단순한 공간적 인식에 머물러 있는 기본적 체험 영역에서
추상화된 고차원적인 체험 영역으로 동기화된 것이다.

1.2. 영상 도식의 실제

　이 글에서는 영상 도식을 그릇도식, 이동도식, 전체-부분 도식 셋
으로 나누어서 살피기로 한다.

1.2.1. 그릇 도식

　그릇 도식(Container Schema)의 내부 구조는 기본적인 〈논리〉를
가져다주는 것으로 되어 있다. 모든 것은 용기 속에 있거나 용기 밖
에 있다. 만약 그릇 A가 그릇 B속에 있고 X가 A속에 있으면 X는 B
속에 있다. 이것은 긍정식(肯定式)의 기초이다. … 시야는 그릇으로
이해된다. 사물은 시야 안에 들어오고(come into sight), 또 시야 밖으
로 나간다(go out of sight). 인간관계 역시 그릇에 의거해서 이해된
다. 사람은 결혼생활에 갇히고(trapped in marriage), 또 거기에서 풀

려날(get out of it) 수 있다(이기우 옮김 1994:332-333).

개념화를 '동적인 활성화'로 본다면, 개념 형성은 비유적 사고와
도 관련이 있다. '은유'와 '환유'는 사람의 머릿속에서 이루어지는
'비유'의 과정을 파악함으로써 추론할 수 있다. 그 전형적인 보기가 그
릇 은유(container metaphor)이다[5]. Lakoff & Johnson(1980), G. Lakoff
(1987), M. Johnson(1987)에서 그릇 은유는 존재론적 은유의 일종으
로 우리의 경험을 '그릇'이라는 실체로 개념화하는 비유를 말한다.
우리는 그릇도 건물과 같이 내부와 외부가 있고 또 일상에서 반복하
여 접하기도 하여 자신의 신체를 그릇으로 경험하여 '그릇'의 영상
도식을 형성한다고 본다.

다음 예문 (1)은 모두 은유에 해당하는데, 두 표현 모두 '상상력'이
라는 추상적인 사고를 구체적으로 나타낸 표현들이다.

    (1)   ㄱ. 그녀는 상상력의 밖으로 뛰쳐나왔다.

          ㄴ. 그녀는 항상 상상력으로 넘쳐흐른다.

위 두 표현의 차이점은 ㄱ은 '상상력'을 하나의 그릇으로 보고 '그
녀'가 '상상력'이라는 '그릇' 밖으로 빠져나오는 이동체에 빗댄 표현

---

5 그릇 은유는 수도관 은유(conduit metaphor)에 포함된다고 볼 수 있다. 수도관 은
유는 Reddy(1779)에서 처음 논의가 되었는데, 내용은 크게 네 가지로 되어 있다.
(1) 언어는 수도관처럼 기능하여 생각을 어떤 사람에서 다른 사람에게 이동시킨
다. (2) 글을 쓰거나 말을 할 때 우리는 자신의 생각이나 감정을 말 속에 담는다. (3)
말은 생각이나 감정을 그 속에 담아 그것들을 상대에게 실어 나름으로써 이동이
완성된다. (4) 말을 듣거나 글을 읽을 때 우리는 다시 생각이나 감정을 말 속에서
꺼낸다.

이라면, ㄴ은 '그녀' 자체를 그릇으로 보고 '상상력'을 이동체로 빗대고 있다. 이처럼 두 표현의 양상은 다르게 나타난다. 전자는 [상상력은 그릇이다.]라는 은유가, 후자는 [사람은 그릇이다.]라는 은유가 성립한다.

	그릇	이동체
(2) ㄱ.	상상력	그녀
ㄴ.	그녀	상상력

(2)의 두 비유 표현은 언어 주체가 '그릇'과 '이동체'의 파악 방식이 달라서 의미도 달라진 보기이다. 곧 이들 표현에서 이동체는 탄도체(trajector)이고, 그릇은 지표(landmark)로 볼 수 있다. 그릇 도식은 인지 과정과 복합적으로 관련이 있기 때문에 사람의 성격, 자질, 특질 따위의 주관적인 뜻을 비유적으로 나타낸다. 보기를 들면 〈가득함·텅빔〉〈안·밖〉〈표면·내부〉와 같은 특성이 그것이다.

    (3) ㄱ. 그의 가슴은 희망으로 꽉 차 있다.

       ㄴ. 순간 나의 머리는 텅 빈 느낌이었다.

    (4) ㄱ. 그 학자는 내성적인 사람이다.

       ㄴ. 그 총장은 외향적이다.

    (5) ㄱ. 그의 표정이 굳어 있었다.

       ㄴ. 그는 따뜻한 사람이다.

위의 표현들은 사람을 그릇에 빗댄 은유 표현으로서, (3)은 〈가득함·비어 있음〉, (4)는 〈안·밖〉, (5)는 〈표면·내부〉와 같은 특성으로 묘사하는 것으로 해석해 볼 수 있다.

1.2.2. 경로 도식

경로 영상 도식은 선개념적인 운동감각적인 기초를 가지고 있으며, 한 장소에서 다른 장소로 행하는 이동에 대한 우리 일상의 신체적 개념으로 거슬러 올라간다. 이동의 지각적 현저성은 상당한 범위의 추상적 경험으로 증명할 수 있으며, 이동은 추상적 경험에 응집적이고 일관된 모형을 부여한다[6].

한 지점에서 다른 지점으로 이어지는 경로를 따라 움직이는 것이 공간이동의 원형이다. 경로의 유형을 세우기 위한 요인은 차원성과 방향성을 들 수 있다. 일반적으로 차원성은 1차원, 2차원, 3차원이 있고, 방향성은 수평 경로, 수직 경로, 순환 경로가 있다. 수평 경로는 앞/뒤, 왼쪽/오른쪽. 수직 경로는 위/아래, 순환 경로는 순환 영상 도식뿐만 아니라 나선 영상 도식을 포함한다.

M. Johnson(1987)에서 제창된 [출발점-경로-도달점 도식(source-path-goal schema)]에서, 공간적으로 〈출발점〉과 〈도달점〉을 결합한 중간을 〈경로〉라고 한다. 이러한 비유적 확장이 도식화되면 영상 도

---

6 경로 영상 도식에 부차적인 영상 도식은 다음과 같다(Johnson 1987).
  힘(강요-자체 이동, 사역 이동, 봉쇄, 저항, 장벽 제거, 권능, 전환, 인력/척력), 과정, 앞-뒤, 가까움-멂, 순환, 수직성 따위를 들고 있다.

식이 성립한다.

〈출발점/경로/종점〉 도식은 체험적인 공간 인지를 반영한 것으로, 전형적으로는 '이동' 현상을 나타내는데 공간적인 '이동'에서 '변화'로의 은유적 본뜨기가 있다[7]. 이러한 공간 인지는 상태 변화나 인과 관계에도 확장된다.

다음은 공간적 이동의 '출발점'이 '재료'나 '원인'으로 확대된 보기이다.

> (6) ㄱ. 빵은 <u>밀가루로</u> 만들어진다.
>
> ㄴ. 다운이는 <u>늦잠으로</u> 지각했다.

공간적 이동 가운데 출발점이 (6ㄱ)은 '재료'의 상태 변화를, (6ㄴ)은 인과 관계의 '원인'으로 동기화한다. 따라서 전자는 [재료는 출발점이다.]라는 도식이, 후자는 [원인은 출발점이다.]라는 도식이 성립한다.

다음은 '도착점'이 '생산물'이나 '결과'로 확장된 보기이다.

> (7) ㄱ. 알콜이 <u>물이</u> 되었다.
>
> ㄴ. 다운이는 <u>피나는 노력으로</u> 명문 대학에 합격했다.

(7)은 공간 이동의 도착점이 ㄱ에서는 상태 변화의 결과물로, ㄴ에

---

7 G. Lakoff(1987)에서 제시된 방사상 범주(radical category)도 원형적 효과를 잘 설명하고 있다. 이 범주화는 '중심과 주변 도식'인데, 1차적 원소를 중심으로 2차적 원소가 있고, 그 주위에 3차적 원소가 자리매김되는 것으로 확대된다.

서는 결과로 확장된 보기이다. 따라서 전자는 [결과물은 도착점이
다.], 후자는 [결과는 도착점이다.]라는 도식이 성립한다. 또 상태 변
화는 경로 도식으로 볼 수 있다.

    (8)   ㄱ. 물이 끓고 있다.

          ㄴ. 아이가 자라고 있다.

  이 표현들은 대상인 '물'이나 '아이'의 상태가 처음에서 변하고 있
으나, 그 변화가 아직 끝나지 않음을 보이고 있다. 이들은 상태 변화
의 과정에 있음을 보이는 것으로서 진행상에 해당한다. 따라서 이
표현을 공간적인 이동에 빗댄다면 경로에 해당하므로, [상태 변화는
경로이다.]라는 도식이 성립한다.

  〈경로 도식〉
  출발 도식 : [재료는 출발점이다.], [원인은 출발점이다]
  도달 도식 : [결과물은 도착점이다], [결과는 도착점이다.]
  경로 도식 : [상태 변화는 경로이다.]

  L. Talmy(1985)는 이동 사건 도식(motion event schema)이 전환과 관
련되는 것으로 보고자 한다. 그는 이동 사건 도식이 아래와 같은 의미
요소(semantic components)들로 이루어진 것으로 본다. 모습(Figure),
이동(Motion), 경로(Path), 바탕(Ground), 방법(Manner), 원인(Cause)
이다. 이 도식에서 움직씨의 기본 의미라고 할 수 있는 과정(process)

은 이동으로 구체화되어 있다. 의미 요소들 중에 모습과 바탕은 사건 참여자들로서 구체화되며 참여자들은 임자말과 부림말 따위로 월에 실현되고, 다른 요소들은 어찌격으로 실현되는 것이 보통이다. '경로, 방법, 원인' 따위는 상황이 존재하게 되는 과정과 관련되며, '경로, 바탕, 원인' 따위를 묶어서 무대(setting)라 부르기도 한다(Langacker 1987).

1.2.3. 부분-전체 도식

우리는 우리의 전체성과 부분들 양쪽에 대한 자각을 하면서 일생을 보낸다. 그래서 사람은 사람 몸을 〈부분〉을 수반한 〈전체〉로서 경험한다.

이 도식은 비대칭적이다. 만약 A가 B의 부분이라면, B는 A의 부분은 아니다. 이 도식은 재귀적이 아니다. 곧 A는 A의 부분은 아니다. 게다가, 전체가 존재하는데 그 부분들은 존재하지 않는다는 그런 것은 없다. 그러나 부분들은 모두 존재하는데, 전체를 구성하지 않는다는 것은 있을 수 있다. 부분들이 형태 속에서 존재하는 경우, 그리고 그 경우에 한해서, 전체가 존재한다, 그 결과 만약 부분들이 파괴되면 전체는 파괴되게 마련이다. 만약 전체가 P라는 위치에 있다면, 부분들은 P에 있다. 전형적인, 그러나 필수 아닌 속성은 부분들이 상호 인접해 있다는 것이다(이기우 옮김 1994:334).

인지언어학에서는 공간적이지 않을 수도 있는 하위 영역 관계가 존재한다고 강조한다. 근본적으로 위상적인 부분-전체 개념의 본질을 인식할 뿐만 아니라 이것을 본질적인 초점으로 만듦으로써 그 개념을 다룬다. 또 이 개념의 경험적 기초 관점에서 이 개념을 다룬다. 이 글에서는 추상적이고 위상적 경험적 게슈탈트 구조로 영상 도식을 기술하고자 한다.

개념적 근접성은 인접성보다 더 포괄적이고 더 유연하다. 두 실체 사이에 어떤 현저한 지각체가 개입하지 않을 때는 이 둘이 공간적으로 분리되지만 지각적으로는 근접해 있다. 인접성은 지각적 근접성의 극단적인 경우인데, 인접성은 어떤 형상을 이루고 있는 요소들 사이에 공백을 포함하지 않기 때문이다. 이들을 인지언어학에서는 환유라고 부른다. 환유는 이상화된 인지 모형(idealized cognitive model: ICM)에서 생성된다. 환유는 참조점 현상이다. 참조점(reference point) 현상은 우리의 일상적 사고나 행동 등에서 찾을 수 있는 편재적 현상이다. 곧 심리적으로 목표(target)를 찾아가는 사람은 개념 화자(concepter)이고, 심리의 출발점이 참조점이다.

환유에 의한 부분-전체 도식은 크게 부분 → 전체 도식, 전체 → 부분 도식, 부분 → 부분 도식으로 나눌 수 있고, 이 도식들에 나타나는 환유에 대해서 자세히 살피기로 한다.

가. 부분 → 전체 도식

이 도식은 부분이 전체를 대신하는 도식을 말한다. 곧 부분이 근원 영역이고, 전체가 목표 영역인데, 근원 영역이 목표 영역에 본뜨기된다. 이 가운데 부분이 두드러진 요소이고, 전체는 드러나지 않는다.

(9) ㄱ. <u>날씬한 다리</u>들이 오고 있다.

ㄴ. <u>노랑머리</u>가 떠들고 있다.

'날씬한 다리'는 '날씬한 다리를 가진 사람'을 뜻하고, '노랑머리'는 '노랑 머리카락'을 가진 사람을 말한다. 이들은 비양도성 소유에 해당한다. '다리'가 '참조점'이지만 이것의 활성 영역은 '다리를 가진 사람'이고, 후자인 경우 '노랑머리'가 참조점이지만 '노랑 머리카락'이 활성 영역이 된다. 곧 '모습과 활성 영역'이 일치하지 않는 보기이다. 근원 영역 안에서 지시의 확대 전이가 일어난 표현이다[8].

이 밖에 이런 부분 → 전체 도식의 보기들을 더 들기로 한다.

(10) ㄱ. <u>검둥이</u>가 데모에 가담했다.

ㄴ. <u>술</u>이 해장국을 찾는다.

위의 보기들은 부분적인 특성으로 범주를 대신하는 보기이다. 곧 '검둥이'는 '흑인'을, '술'은 '술 먹은 사람'을 말한다.

또한 소유물이 소유주를 대신하기도 한다. '소유물 → 소유주' 관계 표현은 소유물을 참조점으로 하여 '소유물'이 근원 영역이 되어 '소유주(possessor)'가 목표 영역이 된다[9].

---

8 임지룡(1997:193- 201)에서는 확대지칭 양상의 보기로서 '한 특징→사람/사물', '소유물→소유자', '개체→유형', '원인↔결과'의 유형을 들고 있다.

9 김종도(2005:164)에서도 '소유 대상'→소유자'의 보기로 'He married money'에서

(11) ㄱ. 그는 <u>돈과</u> 결혼했다.

ㄴ. <u>체어맨이</u> 온다.

ㄷ. <u>햄버거가</u> 저기 서 있다.

(11)의 보기에 나오는 '돈, 체어맨, 햄버거'라는 소유물은 이 소유물을 지니는 소유자를 뜻한다. 곧 ㄱ의 '돈'은 '돈을 가진 사람' ㄴ의 '체어맨'은 '체어맨이라는 차를 소유하고 있는 사람', ㄷ의 '햄버거'는 '햄버거를 든 사람'이라는 뜻이다. 이들 표현도 (11)의 ㄱ-ㄷ은 '돈이나 체어맨, 햄버거를 소유하는 사람'으로서 '소유자'의 뜻을 지니고 있다. 이때 소유물은 소유자와 가까이 있음으로써 소유자를 대신하므로 소유자와 공간적인 인접성에서 나온 환유이다. 이 가운데 ㄱ을 보면 '돈'이라는 소유물이 근원 영역으로서, 이 근원 영역을 통하여 나타내고자 하는 목표 영역은 '돈을 가진 사람'으로서 '소유주'를 나타낸다. 곧 근원 영역이 목표 영역에 본뜨기 됨으로써 환유가 성립한다. 이것은 '소유물 → 소유주'의 확대 원리가 적용된다.

다음은 하위 사건으로 전체 사건을 대신하는 보기이다.

(12) ㄱ. 어머니는 <u>국을 끓이고</u> 계신다.

ㄴ. 아버지는 <u>돌처럼 서 있었다.</u>

(12ㄱ)의 '국을 끓이다'는 행위의 한 부분으로써 '요리를 하다'라

'money'를, 반대로 '소유자→소유 대상'은 'That's me.'(me=my bus)를 들고 있다.

31

는 전체 사건을, 또 (12ㄴ)도 '돌처럼 서 있는' 행위는 '정신이 없다.' 라는 행위의 한 부분을 가리킨다. 이들은 서술적 환유의 보기이다.

나. 전체 → 부분 도식

우리가 언어생활을 하다 보면, 전체가 부분을 대신하는 표현을 많이 쓴다. 이 표현들은 언어의 경제성 관점에서 효율성을 가져 온다.

전체가 부분과의 관계에서 모습(figure)으로 두드러지고, 부분은 배경(ground)으로 남는다

(13) ㄱ. 그는 <u>시계를</u> 찼다.

ㄴ. 동생이 <u>차를</u> 닦고 있다.

(13ㄱ)의 시계는 '시계 줄'이고 '차'는 '차의 외부'를 말한다. 이때는 근원 영역인 '시계'가 참조점이고 '시계 줄'이 활성 영역이다. ㄴ은 근원 영역인 '차'가 목표 영역인 '차 외부'에 본뜨기 되는 것으로 두 표현 모두 축소지향의 원리가 적용된다. 이 표현 또한 '모습과 활성 영역의 불일치'에 의한 것이다. 위 표현들에서 '부분'을 배경화하고 '전체'를 윤곽화함으로써 대화상의 간결성, 경제적인 면에서 훨씬 더 효율성을 가져올 수 있기 때문이다.

다음은 범주의 구성 요소가 전체를 대신하는 보기들이다.

(14) ㄱ. 회의 장소에 <u>조선일보</u>가 맨 먼저, 그 다음 <u>중앙일보</u> 순서로 도착했다.

ㄴ. <u>학교 위원회</u>가 학생을 3주간 정학시켰다.

(14ㄱ)에서 '조선일보'는 '조선일보 기자'를, '중앙일보'는 '중앙일보 기자'를 뜻한다. (14ㄴ)의 '학교 위원회'는 '학교 위원회 위원'을 뜻한다.

다음은 생산자가 생산품을 대신하는 보기에 해당한다.

(15) ㄱ. <u>피카소</u>는 이해하기가 어렵다.

　　　ㄴ. <u>김동인</u>은 재미있다.

　　　ㄷ. <u>베토벤</u>이 제일 장엄하다.

'피카소, 김동인, 베토벤'은 모두 그들의 작품을 뜻한다.

또한 그릇으로 내용물을 대신하는 보기를 들 수 있다.

(16) ㄱ. <u>냄비</u>가 끓고 있다.

　　　ㄴ. <u>댐</u>이 말랐다.

　　　ㄷ. 그는 소주 <u>세 병</u>을 마셨다.

(16)의 표현들은 그릇이나 병 따위의 내용물을 지시하는 것으로서 공간적 인접성에 따른 환유에 해당한다. 그래서 '냄비'는 '냄비 안의 음식물', '댐'은 '댐의 물', '세 병'은 '세 병의 술'을 지시하게 된다.

다음은 장소가 그곳에서 일하는 사람이나 기관을 대신한 표현이다.

    (17) ㄱ. <u>충무로는</u> 요즘 대작을 배출하지 못하고 있다.

          ㄴ. <u>평양은</u> 반박 성명을 발표했다.

  '충무로'는 '충무로에서 일하는 사람'으로서 영화인을 가리키고, '평양'은 '북한 공산당'을 가리킨다. 또한 소유물이 소유주를 대신하기도 한다.

  다음은 기관으로 책임자를 대신한다.

    (18) ㄱ. <u>삼성은</u> 배상을 약속했다.

          ㄴ. <u>해군은</u> 이번 사건의 전말을 발표했다.

          ㄷ. <u>대학은</u> 입학 정원을 동결했다.

  위 표현에서 기관인 '삼성, 해군, 대학'은 그 기관의 책임자를 대신한 표현이다.

  또 전체 사건이 하위 사건을 대신하는 보기들을 들 수 있다.

    (19) ㄱ. 회장님이 <u>택시를 타고</u> 왔다.

          ㄴ. 그는 <u>세수를 했다.</u>

  (19ㄱ)의 '택시를 타다'는 택시를 잡아서, 요금을 지불하고, 택시에서 내린 것을 포함한 전체 사건을 말한다. (19ㄴ)의 '세수를 하다'도 '비누를 들고, 문질러서 얼굴을 씻고, 타월로 닦았다.'를 포괄하는 전체 행위이다. 이 표현들도 서술적 환유에 속한다.

다. 부분 → 부분 도식

한 부분이 다른 부분을 대신하는 것을 말한다. 인과 관계(causation) 이상화된 인지모형(idealized cognitive model ICM)에서 원인이 생성되는 환유적 개념 결과가 대신하는 보기들을 들 수 있다.

(20) ㄱ. 소녀의 <u>얼굴이 붉어졌다.</u>

ㄴ. 그녀의 <u>입술이 파랗다.</u>

'얼굴이 붉어지거나 입술이 파래지는 것'은 어떤 원인에 의한 결과로 나타나는 현상으로서 (20ㄱ)은 수줍어 한 결과로, (20ㄴ)은 긴장하거나 추위를 느낀 결과 나타나는 생리적인 현상이다. 이 경우 원인인 근원 영역에서 결과인 목표 영역으로 본뜨기가 일어나서, 결과적으로 결론만 윤곽화된 표현이다.

지금까지 논의를 정리하면 다음과 같다.

영상 도식은 우리 경험을 바탕으로 하여 반복되는 꼴로서, 추상적이면서 단순하지만 모국어 화자가 가지고 있는 개념화 과정을 보여주는 단서를 제공한다. 그릇 도식과 경로 도식은 은유의 전형적인 보기로서, 그릇 도식은 존재론적 은유, 경로 도식은 구조적인 은유에 바탕을 둔다.

부분-전체 도식은 공간적, 시간적 인접성에 의한 환유에 의한 전형적인 표현이다.

　　사람이 쓰는 비유법은 다양하고, 여러 영역에서 이루어진다. 따라서 광범위한 영역에서 영상 도식이 실제적으로 이루어진다면 한국인의 의식 구조를 파악할 수 있는 좋은 방법이 될 수 있을 것이다. 앞으로 이 분야의 연구가 많이 나와야 한국인의 개념 구조도 밝힐 수 있고, 나아가서 한국 언어 문화의 특징도 밝혀 나갈 수 있을 것이다.

제2장

환유로 본 소유 표현

은유와 환유는 고대 희랍 시대부터 문학의 비유법에서 중심에 있어 왔다. 개념화를 '동적인 활성화'로 본다면, 개념 형성은 비유적 사고와도 관련이 있다. '은유'와 '환유'는 사람의 머릿속에서 이루어지는 '비유'의 과정을 파악함으로써 추론할 수 있다.

이 글에서는 소유 표현을 대상으로 하여 환유가 인지 과정의 일부와 관련된 작용이라는 관점에서 환유가 어떻게 적용되는가에 초점을 맞추기로 한다.

(1) ㄱ. 복주머니가 온다.

   ㄴ. 주머니가 비다.

(1)은 둘 다 환유에 의한 표현으로서, (1ㄱ)은 '복주머니'라는 부분을 통하여 '복주머니를 찬 사람'을 지시하는 '지시적 환유'이다. 그런데 (1ㄴ) 관용 표현인 '주머니가 비다.'는 '주머니'라는 지시물을 토대로 이 표현 전체가 '가지고 있는 돈이 없이 되다.'라는 주체에 대한 상태를 비유적으로 나타내는 '서술적 환유'이다. 곧 (1ㄱ)은 '복주머니'라는 소유물을 통하여 소유자를 가리키며, (1ㄴ)은 '주머니가 비다'라는 월 전체가 부분 사건이 되어 사건 전체를 가리키는 표현이다. 이들 두 표현의 의미가 생성되는 과정을 보면 환유적 전이가 관여한다고 볼 수 있는데, 이 경우 환유적 전이가 어떤 인지 과정을 거치게 되는지를 개념화에 초점을 맞추어서 살피기로 한다.

그래서 이 글에서는 환유의 특징을 먼저 살핀 다음, 한국어 소유 관계(possessional relation)로 해석되는 표현을 대상으로 환유가 어떻게 작용하는가를 통하여 소유와 관련된 표현의 특징을 밝히고자 한다.

2.1. 환유의 특징

2.1.1. 은유, 환유, 제유

은유와 환유의 차이점은 은유(metaphor)가 유사성(similarity)에 바탕을 두고 있다면, 환유(metonymy)는 인접성(contiguity)에 바탕을 두는 데 있다.

R. Jakobson은 은유와 환유의 특징을 대조적인 관점에서, 은유는 수직적 선택 관계이고 환유는 수평적 결합 관계로 본다. 또 그는 환유가 제유를 포함하는 부분이 있기 때문에 제유를 환유의 일종, 곧 전체에 대한 부분으로서 환유의 하위 분야로 보았다. 그 이후 환유는 은유와 대등한 지위를 누리게 되었고, 은유에 대립되는 것으로 자리매김하게 되었다. 이 과정에서 은유와 환유는 수사적인 비유법에서 사고 과정과 관련되는 것으로 인식이 바뀌게 되었다(정원용 1999:154-156).

그래서 Kurt Feyaerts(2003 62-65)는 은유와 환유의 차이를 개념적 관련성으로 설명하는데, 먼저 개념적 관련성(conceptual relationship)의 기능(function)이라는 관점에서 '은유'를 영상적 근거(imagistic reasoning), '환유'를 지시적 전이(referential transfer)로 구별하고 있다. 둘째 개념적 관련성의 본성(nature)은 R. Jakobson과 마찬가지로 은유는 유사성, 환유는 인접성으로 설명한다.

또한 은유와 환유가 전혀 별개의 것이 아니라 연속성을 갖는다는 관점도 있다. R. Dirven(2002: 93)은 환유를 은유와의 관련성이 정도성을 갖는다고 보고, '선적인(linear) 환유', '연결적인(conjunctive) 환유', '포함적인(inclusive) 환유'로 나눈다. 이 분류는 환유의 다양한 유형과 은유 사이의 관련성을 개념적 가까움(closeness)과 거리(distance)라는 기준에서 나눈 것이다. '환유성(metonymicity)'이 가장 낮은 등급이 '선적인 환유'이고, '은유성(metaphoricity)'을 갖는 '은유'는 '비유적' 특성을 갖는다고 본다. 따라서 환유 가운데서도 '선적인 환유'가 은유에서 가장 먼 거리에 있고, '포함적 환유'가 은

39

유에서 가장 가깝다고 보고 이들의 연속성(continuum)을 제시했다.

환유는 제유(synecdoche)와 비슷한 개념을 갖는데, 이 둘의 관계는 둘을 구별하지 않는 관점과 둘을 구별하는 관점으로 크게 나뉜다. 앞의 R. Jakobson은 구별하지 않는 입장이지만, Seto(1999)는 인식 삼각도(Cognitive Triangle)를 그려서 은유, 환유, 제유를 구별하고 있다. Seto는 〈전체와 부분의 관계〉를 환유라고 하고, 〈유와 종의 관계〉에 의한 비유만을 제유로 다루는 관점을 제시한다. 제유는 포함 관계에 기초하여 상위개념으로 하위개념을 가리키거나 하위개념으로 상위개념을 가리키는 것을 말한다. 그러므로 환유는 부분 관계(partonomy)이고, 제유는 분류 관계(taxonomy)인데, 이것은 환유가 개체 전이(Entity-related transfer)이고, 제유가 범주 전이(Category-related transfer)라는 것에 토대를 두기 때문에 가능하다.

(2) ㄱ. 예식장에 <u>얼굴</u>만 비추고 올게.

ㄴ. 우리 <u>택시</u> 타고 가자.

(2ㄱ)에서 '얼굴'은 '사람'을 가리키는 환유인데 이 '얼굴'은 이것 자체로서는 '사람'이라고 볼 수 없다. 이에 대하여 (2ㄴ) '택시'의 경우 하위개념 '택시'가 상위개념인 '자동차'를 가리킬 때 '택시'는 '자동차'이기도 하다. 이 점에서 Seto는 (2ㄱ)을 전체-부분 관계의 환유, (2ㄴ) 유-종의 관계는 제유라고 부르면서 둘은 본질적으로 다르다고 본다.

그러나 환유와 제유가 항상 분명한 것은 아니다. 왜냐하면 분류적 범주의 개념 자체가 그릇 은유에 기초하고 있기 때문이다.

(3) ㄱ. 그녀는 장미다.
     ㄴ. 그녀는 꽃이다.

보기 들면 '그녀는 장미다.'라고 했을 때 이 표현은 '그녀'와 '장미' 사이의 유사성에 토대를 둔 은유 표현이다'. 그런데 '장미'의 상위 범주가 '꽃'이므로 '그녀는 꽃이다'라고도 바꾸는 것이 가능하다. 이 경우 상위 범주인 '꽃'과 하위 범주인 '장미' 사이는 분류 관계로서 제유가 성립한다. 그런데 상위 범주와 하위 범주 사이의 관련성에서 볼 때, 먼저 하위 범주는 그들 범주끼리 하나의 그릇 안에 있는 것으로서, 서로 비슷한 성질 때문에 인접성을 갖는 것으로 인식된다. 그래서 분류관계에서 '유(類)'를 '그릇', '종(種)'을 '내용'으로 볼 때, '유와 종' 사이에도 '그릇-내용' 처럼 '전체-부분'의 부분관계가 내포되는 것으로 인식되기도 한다. 그러므로 환유에 속하는 '그릇-내용'과 은유의 '유- 종' 사이에 연속성이 발견된다. 또한 '유-종' 개념은 제유의 개념이기도 하다. 이처럼 제유와 환유는 연속성의 속성이 있으므로 이 글에서는 환유 속에 제유를 포함하여 논의하고자 한다.

---

1 L. Goossens(1990)는 은유와 환유가 항상 잘 구별되는 것은 아니라고 보고, 이런 표현에 나타나는 비유를 은환유(metaphtonymy)라고 하면서, 'Metaphor from metonymy', 'Metonymy within metaphor', 'Metaphor within metonymy', 'Demetonymization inside a metaphor'의 네 가지로 나누고 있다.

2.1.2. 인지 과정으로서의 환유

환유는 한 사물의 이름으로 그것과 관련된 다른 사물의 이름을 지시하는 언어적 대치 현상이므로 'X로써 Y를 대신한다.'로 정의해 왔다.

그런데 최근 인지언어학에서는 이들 비유법이 우리의 사고 과정을 반영하는 것으로서 개념화 과정을 보인다는 점에서 '(i) 환유는 개념적 현상이다. (ii) 환유는 인지적 과정이다.'라는 명제들을 내세우고 있다. 이 글에서도 (i , ii)의 관점에서 논의를 하는데, 이를 위하여 먼저 환유의 특징을 더 자세히 살피기로 한다.

첫째, 환유는 같은 영역 안에서 일어나는 지시 전이이다.

전통적인 환유관은 어떤 사물의 이름과 관련된 다른 어떤 것의 이름 대신에 사용하는 대체 개념이었다. 그런데 대체된 표현이 이전 표현의 뜻을 완전히 나타낼 수는 없으므로, 이 언어 대체라는 개념이 문제가 있음을 알고 이 개념 대체와 관련시킬 수 있는 지시 전이 (referential transference) 개념으로 문제를 풀려는 방향으로 바뀐 것이다. 보기 들면 '부분으로 전체를 대신'하는 환유의 경우에 그 전체를 대신할 수 있는 부분들은 많다. 그 가운데 어느 부분을 선택하는가는 우리가 그 전체의 어느 부분에 초점을 맞추고 있는가를 결정한다. 은유는 근본적으로 한 사물을 다른 사물의 관점에서 생각하는 방식이기 때문에 중요한 기능은 이해이다. 반면에 환유는 이해하기 기능이 아예 배제되는 것은 아닐지라도, 이해하기의 목적을 위해서는 덜 이용된다. 환유의 주요한 기능은 덜 쉽거나 덜 기꺼이 이용되

는 목표 개체에 심리적이고 인지적인 접근을 제공하는 것처럼 보인
다(이정화 외 3인 2003: 266).

둘째, 환유는 이상화된 인지 모형(Idealized Cognitive Model)에서
생성된다. 곧 인지언어학에서는 환유를 경험적으로 구축된 단일 개
념영역이나 이상화된 인지 모형(ICM) 안에서 하나의 개체가 목표
대상인 다른 개념적 개체에 정신적으로 접근하는 인지 과정으로 본
다. 곧 환유는 본래 개념적 현상으로서 하나의 개념적 개체를 다른
개념적 개체에 본뜨기(mapping)함으로써 얻어진다고 본다[2]. 그런데
이들 둘을 단순히 대치시키는 것이 아니라 이들 둘을 상호 연관시킴
으로써 새롭고 복잡한 의미가 인지 과정에 의해서 생긴다고 본다.

(4) 나는 한국을 사랑한다.

위의 보기에서 내가 사랑하는 것은 '한국'이라는 전체이지만, 실
제로는 이 한국과 관련된 부분으로서 한국의 '자연, 문화, 풍속, 가
옥....' 가운데 하나를 지시하는 것이다. 그래서 듣는 사람은 상황이
나 문맥에 따른 해석을 하기 위해서는 전체와 부분을 연결하는 인지
과정이 있어야 해석이 가능하다. 따라서 환유는 일상 경험과 세상
지식을 토대로 구조화되고 우리의 개념 체계의 한 부분을 이루는 이
상화된 인지 모형을 토대로 생성된다고 볼 수 있다.

---

2 G. Fauconnier.(1997)는 본뜨기의 방식을 투사적 본뜨기(projection mappings), 화용
   적 기능 본뜨기(pragmatic function mappings), 도식적 본뜨기(schema mappings)
   의 세 가지로 나누고 있다.

그런데 환유의 인지 모형은 고정되어 쓰이는 것도 있으나 상황 의존적이며, 일시적인 특징을 갖기도 한다. 곧 동일한 낱말이 환유적 기능을 발휘할 수도 있으며 그렇지 않을 수도 있다. 환유적 기능을 발휘하는 경우 그 뜻이 다를 수 있다.

    (5)   그가 연구실을 떠났다.

(5)는 두 가지로 해석된다. 하나는 글자 그대로의 의미일 때는 '연구실을 출발했다'의 뜻일 수도 있지만, 그렇지 않고 비유적으로 쓰인다면 '대학을 그만 두다.'의 뜻으로서 이 경우는 '환유'가 관여한다고 볼 수 있다. 후자의 경우 '연구실'이 '대학교'로 해석이 가능한 것은 말할이와 들을이 사이의 공유된 상황의 지식이 있을 때만 가능하다. 공유된 상황 지식이 인지 모형이다.

셋째, 환유는 참조점 현상이다. G. Lakoff(1987)는 범주화(categorization)는 환유 모형(metonymic model)으로 이해해야 한다고 주장한다. 이러한 관계가 성립할 수 있는 것은 중심적 구성원들을 이용하여 범주 전체에 접근하는 참조점(reference point) 사고에 의해서 범주화가 이루어지기 때문이다. 이러한 범주 이해 방식은 원형 효과에 바탕을 두고 있다. R. W. Langacker(1993:30)도 환유 표현에 나타나는 지칭의 변화에 대하여 우리가 혼동을 일으키지 않는 것은 '참조점' 때문이라고 말한다. 말할이가 어떤 개체와 정신적 접촉을 하려고 할 때 이것을 직접 언급하지 않고, 이것과 관련되면서 동시에 이보다 더 현저한 개체를 참조점으로 언급한다는 것이다. 인지문법에서는 '환유'를 처음에 '활성역과 모습의 불일치'를 포함하는 현상으로 분석했는데, 그 뒤에 '참조점 구조'라는 인지적 기반을 갖는 것으로 일반화하였다.

일상생활에서 우리는 많은 것들을 경험하고, 그 경험을 바탕으로 인지적으로 두드러지고 현저한 개체를 매체로 선택하여 명시적으로 선택하려 한다. 곧 심리적으로 목표(target)를 찾아가는 사람은 개념 화자이고, 심리의 출발점이 참조점이다. 이 참조점은 특정 개체의 위치를 포착할 뿐만 아니라 그 개체의 이웃에 있는 덜 현저한 다른 개체들의 위치를 파악하는데도 제 역할을 다 할 수 있다. 이렇게 어떤 참조점을 참조하여 위치 파악이 가능한 개체들의 집합 또는 실제 범위를 영향권(domain)이라 한다. 지금까지 논의를 그림으로 나타내면 다음과 같다.

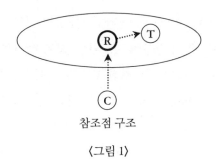

참조점 구조

〈그림 1〉

이 그림에서 R은 참조점, T는 목표, C는 개념 화자를 뜻한다.

그런데 언어 영역에서는 지각적 영역과는 달리 참조점은 너무나 미묘하게 전제되어 있기 때문에 참조점의 존재를 알아차리기 어려운 표현들도 있다. 그렇기는 하지만 참조점 모형은 환유에 동기를 부여해 준다고 볼 수 있다. 이 경우 명시되는 쪽이 참조점이고 유추에 의해서 식별되는 것이 목표다. 이 둘 사이에 심리적 접촉이 일어날 수 있게 하는 관계를 근접관계 또는 연결관계라고 한다. 그러므로 환유를 개념 세계에서의 참조점 현상으로 설명한다는 것은 참조점의 선택이 인지적으로 이루어진다는 의미이다[3].

2.2. 소유 표현의 환유적 접근

환유를 경험적으로 구축된 단일 개념영역이나 이상화된 인지모형 안에서 하나의 개체가 목표 대상인 다른 개념적 개체에 정신적으로 접근하는 인지 과정으로 볼 때, 환유는 주로 지시적 기능(referential function)을 갖는다. 이 경우 가리키는 대상의 어떤 특별한 면에 더 많은 초점을 두는 인지 현상이 나타난다. 보기 들어서 '손이 작다'에서 '손'이라는 신체말이 두드러진 요소가 되어 '손'의 특정 국면을 '두드러지게 함(highlighting)'으로써 지시적 기능을 갖게 된다. 이를 지시적 환유(referential metonymy)라고 한다. 이를 통해 우리의 이

---

3 소유격 표현을 참조점 모형에 도입해 보기로 한다. 보기 들어서 '교수의 책'에서 '교수'는 참조점, '책'은 목표가 된다. 이 표현에서 '교수'는 유정물로서 무정물 '책'보다 더 현저하여 참조점이 될 수 있다. 그러면 참조점 '교수'의 영향권은 '교수'의 소유물의 집합이라 할 수 있으며, 이 집합에서 특정 구성원 책이 목표가 된다. 그러므로 '교수의 책'은 개념 화자가 교수를 통해서 교수의 영향권 안에 있는 '책'과 심리적으로 접촉을 한다. 그런데 '책의 교수'가 어색한 것은 이 소유격 표현에서는 물체가 사람보다 앞서 있기 때문이다.

해 기능도 돕는 기능을 갖는 것이 환유다.

또 환유도 은유처럼 근원 영역과 목표 영역을 갖는다고 볼 수 있다. 보기 들면 '손'은 근원 영역이 되어 목표 영역인 '손을 가진 사람'으로 확대되는 것이다. 이처럼 환유 표현은 원래의 지시 대상에서 다른 지시 대상으로 지시 전이가 일어난다[4].

환유는 지시적 기능뿐만 아니라 서술적 기능도 있다. 관용 표현의 보기를 들면 '딴 주머니를 차다'는 돈을 몰래 모으는 주체에 대한 행위를 설명하는데, 이는 [부분 사건이 전체 사건을 지시]하는 서술적 환유(predicative metonymy)에 해당한다. 이에 따라서 환유를 지시적 환유와 서술적 환유로 나누기로 한다.

2.2.1 지시적 환유

소유 표현도 우리가 갖고 있는 경험적이거나 이상적인 인지 모형(ICM) 속에서 이루어지는데, 소유 표현은 '소유자', '피소유자', '소유물'을 필요로 해서 '소유 행위'가 이루어지는 것을 말한다. 소유 표현에 나타나는 소유 요소들을 간단히 정의하면 다음과 같다.

---

4 환유는 '확대지칭 원리'뿐만 아니라 다른 원리에 의한 보기들도 있다.
  ㄱ. 청와대는 말이 없다.
  ㄴ. 마피야 두목은 상해에 살고 있다.
  ㄷ. 세익스피어는 읽기 쉽다.
  ㄱ은 '장소→기관→사람들'로 된 '영역축소 환유, ㄴ은 '머리→지도자→지도 행위'의 '확대 이중 환유', ㄷ은 '작가→작품→판형'은 1차적으로 확대 현상이 일어나고 다음 다시 2차적으로 '판형'으로 축소되는 양상을 보임으로써 '혼합 이중적 환유'로 되어 있다(김종도 2005:121-130).

▌소유자(possessor) : 소유를 하는 주체로서 소유물을 갖거나 피소
　유자에게 주는 역할을 담당하는 사람 또는 기관이나 단체
▌피소유자(possessee) : 소유자로부터 소유물을 받거나 받은 소유물
　을 가지고 있는 사람이나 기관이나 단체
▌소유물(possessum) : 소유자나 피소유자가 갖고 있거나 소유자에
　게서 피소유자로 이동하는 물건. 나아가서 추상적인 소유
　물 될 수 있음.
▌소유 행위(possessional act) : 단순히 물건을 주고받거나 유지하는
　것이 원형의 행위임. 나아가서 추상적인 주받기로 확대
　될 수도 있음.

소유 표현은 소유 행위를 나타내는 풀이말의 특성에 따라서 달라
질 수 있다. 소유 풀이말 가운데 '주다/받다, 사다/팔다' 따위는 '소유
자 중심' 표현이라면, '가다/오다'는 '소유물 중심' 표현에 해당한다.
이들 풀이말의 특성에 따라서 이름씨항이 선택되는데, '소유자'와
'소유물'은 필수요소이지만, 피소유물은 임의 요소로 볼 수 있다. 소유
자와 소유물이 다 실현되는 경우, 소유물을 다른 사람에게 양도할 수
있는 경우와 양도할 수 없는 경우가 있는데, 이를 양도성(alienable) 소
유와 비양도성(inalienable) 소유라고 한다.

2.2.1.1 양도성 소유 관계

소유 표현은 '소유자' 또는 '소유물' 중심 표현이 있을 수 있는데,
한국어의 경우는 '소유물' 중심 표현들이 많이 나타난다.

(6) 그는 돈과 결혼했다.

(7) ㄱ. <u>소나타</u>가 온다.

ㄴ. <u>안경</u>이 도착했다.

ㄷ. <u>샌드위치</u>가 저기 서 있다.

ㄹ. <u>운동모</u>가 온다.

(6)에서는 소유자와 소유물이 임자말과 어찌말로 각각 실현되고 있다. 이 표현은 소유주 중심 표현이다. 그런데 (7)은 소유물만 나타나서 임자말로 실현되므로 소유물 중심 표현이다. 이들 (6, 7) 표현의 공통점은 밑줄 그은 부분인 소유물이 모두 소유자를 가리킨다. (6)의 경우 '돈'은 '돈을 가진 소유자'를 가리킨다. 또한 (7)의 경우도 '소나타, 안경, 샌드위치, 운동모'라는 소유물만 나타나고 소유자는 나타나지 않으므로 '소유물'이 윤곽화(foregrounding)되고, 대신에 '소유자'는 배경화(backgrounding)되는 특징을 들 수 있다. 그러므로 소유물이 소유자를 대신 가리키는 지시적 기능을 갖는데, 이러한 유형의 표현들을 '소유물 → 소유자' 도식(schema)이라고 부르기로 한다[5]. 영상 도식(image schema)은 여러 표현들에서 같은 양상으로 나타나는 것을 추상화해서 부른 것이다. 곧 영상 도식은 지각과 운동의 패턴이 반복적으로 경험되는 것을 통해서 추상화된 전언어적인 표상이다. G. Lakoff은 신체화(embodiment)를 기초로 해서 [안-밖][용기] [상-하] 따위의 영상 도식이 관용구, 비유의 생성, 이해나 범주의 확

---

5 김종도(2005:164)에서도 '소유 대상'→소유자'의 보기로 'He married money'에서 'money'를, 반대로 '소유자→소유 대상'은 'That's me.(me=my bus)를 들고 있다.

장에 적용된다고 설명한다. 개념 화자는 구체적인 경험에 의해서 대상을 파악할 뿐만 아니라 상황에 의해서 구체적인 영상을 확대해서, 이 확장된 영상으로써 추상적인 대상을 이해한다. 그러므로 (6)의 '돈'은 '돈을 가진 사람', (7ㄱ)의 '소나타'는 '소나타라는 차를 소유하고 있는 사람', (7ㄴ)의 '안경'은 '안경을 낀 사람', (7ㄷ)의 '샌드위치'는 '샌드위치를 먹는 사람', (7ㄹ)의 '운동모'는 '운동모를 쓴 사람'이라는 뜻으로 해석된다. 이들 표현에서 (6, 7ㄱ)이 '소유물 → 소유자'의 뜻으로 확대되는 전형적인 보기라고 볼 수 있다. 이 밖에 (7ㄴ-ㄹ)은 덜 원형적 소유 표현들로서 넓은 의미의 소유 표현 범주에 넣을 수 있다. 밑줄 그은 부분은 모두 양도할 수 있는 소유물이 온 보기인데, '소유물'은 '소유자'가 갖고 있는 물건이거나 일시적(temporary)으로 소유자와 인접해 있는 인접성에 의한 소유에 해당한다.

그럼 (6)을 대상으로 하여 우리의 머릿속에서 '돈'이라는 소유물이 그 '소유물을 가진 사람'으로 개념화되는 과정을 자세히 살펴보면, '돈'이라는 화폐는 누군가가 소유하지 않으면 소유물이 되지 않는다. 이러한 물체를 누군가가 취득을 하고 그것을 몸에 지니거나 소유할 때, 그 소유물이 그 사람을 대신하는 표현이 생성되는데, 이것은 소유물과 소유자의 공간적인 인접성 때문에 가능하다. 이 경우 개념 화자는 '소유물'을 참조점으로 하여 목표 영역인 소유자와 연결하게 된다. 곧 '돈'이라는 소유물이 근원 영역(source domain)이 되어 목표 영역(target domain)인 '돈을 가진 사람'으로 본뜨기가 일어난다고 볼 수 있다. 따라서 이 표현은 '소유물'이라는 부분에서 '소유자' 전체로 환유적 전이(metonymic transfer)가 일어나므로 확대 전이에 해당한다.

이처럼 본뜨기는 은유뿐만 아니라 환유에서도 일어난다. 본래 은유적 본뜨기는 G. Lakoff(1987)가 제안한 것으로서, 〈근원 영역에서 목표 영역으로 이미지 스키마를 본뜨기한다.〉라고 설명한다. 이것은 근원 영역을 구성하는 개념적 요소나 속성이 목표 영역의 구성요소와 대응된다는 것을 뜻한다. 환유도 (6,7)의 표현에서처럼 근원 영역에서 목표 영역으로 전이가 일어나는데, 이를 환유적 본뜨기(metonymic mapping)라고 한다.

그런데 이 두 비유법에 나타나는 본뜨기는 다르므로, 그 차이점을 살피면 다음과 같다.

① 은유적 전이가 두 개의 다른 영역에서 일어나서 근원 영역과 목표 영역이 다른 영역에 속하지만, 환유적 전이는 같은 영역에서 일어난다.

② 은유는 두 영역의 대응이 하나 이상 나타날 수 있지만 환유는 일대 일로만 나타난다. 왜냐하면 은유는 유사성에 의존하기 때문에 하나 이상도 나타날 수 있지만, 환유는 두 영역 가운데 하나가 참조점이 되어 목표 영역으로 본뜨기가 일어나므로 여러 대응이 일어나기 어렵다.

③ 은유의 불변화 가설(invariance hypothesis)에 의하면 은유는 근원 영역과 목표 영역 사이의 영상 도식(image schema)이 유지된다면, 환유는 한 영역 안에서 근원 영역과 목표 영역이 확대 또는 축소된다. 따라서 은유의 본뜨기는 대칭적(symmetrical)이라면 환

유의 본뜨기는 비대칭적(asymmetrical)이다.

본뜨기는 근원 영역이 목표 영역보다 더 구체적이거나 잘 알려져 있거나 지각하기 쉬운 속성을 가지는 경우, 근원 영역이 목표 영역에 본뜨기가 일어난다고 볼 수 있다. 이 표현은 윤곽화되는 대상인 '돈'의 여러 기능 가운데 사람이 돈을 소유하는 기능이 활성화되어 '돈을 소유하는 사람'으로 확대가 일어난다. 그러므로 이 인지 과정은 소유 영역이라는 하나의 영역 안에서 일어나는 개념화다. 달리 말하면 환유적 근원(metonymic source)이 환유적 목표(metonymic target)와 일대 일로 대응(correspondence)되면서 개념 화자의 머릿속에서 환유 투사(metonymy projection)가 일어나기 때문에 가능하다.

지금까지 논의된 소유물에 나타나는 환유의 전이 과정을 정리하면 다음과 같다.

근원 영역 → 목표 영역

소유물 → 소유자

〈환유적 확대 투사〉

위의 환유적 확대 투사를 자세히 설명하면 다음과 같다.

첫째, 소유물은 구체적인 사물로서 근원 지시물(source referent)인데, 이것이 목표 지시물(target referent)인 소유자를 지시하는 표현이다. 곧 근원 소유물은 윤곽화되어 참조점이 된다. 위 도식에서 근원 영역을 진하게 표시한 것은 참조점임을 밝힌 것이다.

둘째, '소유물→소유자'의 확대 지칭 원리가 적용되는 것은 소유물이라는 환유 영역 안에서 공간적인 인접성에 의해서 연결이 되기 때문이다.

셋째, 이 도식은 목표 영역이 근원 영역에 공간적으로 인접한다.

그런데 이들 환유 표현도 담화 상황에 따라서 뜻이 다양하게 달라질 수 있다. 보기 들면 '그는 돈과 결혼했다'가 다음과 같이 상황에 따라서 여러 가지 뜻을 함축하고 있다. 이 화용적 뜻은 우리의 경험, 사고, 백과사전적 지식, 문화와 연관된 인지 과정에 의해서 생성된다.

(8)   ㄱ. (그 여자는 허영심 때문에), 그녀는 돈과 결혼했다.

ㄴ. (집안을 구하기 위해서), 그녀는 돈과 결혼했다.

(8ㄱ) 표현에서 '돈'은 '돈 많은 남자'를 뜻해서 '그 여자가 남자의 재력을 보고 결혼했다'라는 뜻으로도 쓰인다. (8ㄴ)은 집안을 위해서 '돈 많은 남자'와 결혼했다는 뜻으로 '동정'의 뜻을 내포할 수도 있다. 이처럼 환유 표현도 언어 외적 관점에 따라서 해석이 달라진다.

2.2.1.2. 비양도성 소유 관계

부분-전체(part-whole) 관계는 소유자와 소유물의 관계가 양도 불가능한 소유 관계에 있는 것을 말한다. 이 관계도 두 가지 꼴을 생각해 볼 수 있는데, 하나는 부분이 전체를 대신하는 표현이고, 거꾸로

전체가 부분을 대신하는 표현이다[6]. 이 장에서도 영상 도식의 관점
에서 '부분-전체 관계를 '부분→전체 도식'과 '전체→부분 도식'으로
나누어서 살피기로 한다.

가. 부분 → 전체 도식

G. Lakoff(1987)에서는 부분-전체 도식에 대해서 '우리는 우리의
전체성과 부분들 양쪽에 대한 자각을 하면서 일생을 보낸다. 그래서
사람은 사람 몸을 〈부분〉을 수반한 〈전체〉로서 경험한다. 이 도식은
비대칭적이다. 만약 A가 B의 부분이라면, B는 A의 부분은 아니다.
이 도식은 재귀적이 아니다. 곧 A는 A의 부분은 아니다. 게다가, 전
체가 존재하는데 그 부분들은 존재하지 않는다는 그런 것은 없다(이
기우 옮김 1994:334).'고 설명한다.

한국어 소유 표현에서 부분 → 전체 도식은 '신체'의 한 부분을 통
해서 전체 '사람'을 가리키는 표현이 전형적인 보기이다. 그래서 이
표현은 '신체의 한 부분'이 윤곽화되고, '사람'이 배경화됨으로써
'부분'이 모습, '전체'가 배경이 된다.

(9)　ㄱ. <u>곱슬이</u> 오고 있다.

　　ㄴ. <u>검둥이가</u> 웃고 있다.

---

6 환유는 크게 '부분-전체(part-whole) 관계', '원인-결과(cause-effect) 관계', '상보
적 관계(complementarity)'의 세 가지와 관련된 경험을 들 수 있다. 이 글에서는 주
로 '부분-전체 관계'를 다루게 된다.

(9ㄱ)의 '곱슬'은 '곱슬 머리카락를 가진 사람'을 지시하며, (9ㄴ)의 '검둥이'는 '검은 피부를 가진 사람'을 가리키는 표현이다. 이때 '곱슬 머리카락', '검은 피부' 따위는 사람 신체의 일부분으로서 소유자와 분리할 수 없는 요소로서 비양도성 소유 관계에 속한다. 이런 부분-전체 관계를 '소유 표현'이라고 부르는 것은 넓은 의미의 소유 개념으로서 비원형적 소유 표현에 가깝다고 볼 수 있다. 이것은 소유 표현의 영역이 넓어진 것에서 기인하며, 신체의 일부도 소유의 개념으로 인식하는 경향이 높기 때문이다. 그래서 (9) 표현들은 존재론적 소유 풀이씨 '있다'뿐만 아니라 전형적 소유 풀이씨 '가지다' 표현으로 해석이 가능하다.

(10) ㄱ. [곱슬 머리카락이 있-]는 사람이 오고 있다.

ㄴ. [곱슬 머리카락를 가지-]ㄴ 사람이 오고 있다.

(11) ㄱ. [검은 피부가 있-]는 사람이 오고 있다.

ㄴ. [검은 피부를 가지-]ㄴ 사람이 오고 있다.

소유 풀이씨의 원형을 '있다'나 '가지다' 표현으로 본다면 (9)의 표현들은 (10, 11)처럼 해석이 가능하다. 따라서 소유 개념을 넓게 본다면 사람이 '신체의 일부'를 소유한다고 보고 소유 표현의 범주에 넣기로 한다. 이 경우 신체의 부분이 전체를 가리키는 것은 '곱슬'이라는 부분이 근원 영역이 되어 이러한 속성을 가진 사람이라는 목표 영역에 본뜨기가 일어나기 때문이다. 그런데 '곱슬→곱슬 머리카락을 가진 사람', '검둥이→검은 피부를 가진 사람'으로 바로 확대되는 것이 아니라 두 단계를 거친다고 볼 수 있다. 첫째는 근원 영역에서, 둘째는 목표 영역에서 일어난다.

먼저 첫 번째 단계로서 근원 영역 안에서 일어나는 인지 과정에 대해서 살피기로 한다. '곱슬→곱슬 머리카락'의 경우는 '곱슬'이 '참조점'이지만 이것의 활성화(activation)는 '곱슬 머리카락'이다. 왜냐하면 '곱슬' 자체는 신체말이 아니기 때문에 실제로 참조점이 되는 것은 '곱슬한 머리카락'이다. 그래서 우리는 '곱슬'을 듣는 순간 '곱슬 머리카락'을 떠올리게 된다. '검둥이→검은 피부'의 경우도 마찬가지로서 '검둥이'를 듣는 순간 '검은 피부'를 활성화해서 추론하게 되는데, 이런 과정에서 직접적으로 관여하는 부분을 '활성 영역(active zone)'이라고 부른다. 그런데 일반적으로 현저성(salience)이 높은 사물, 곧 인지적으로 눈에 띄는 대상을 참조점이라고 한다[7]. 곧 초점화되는 대상을 '참조점'이라고 하면, 활성 영역은 대체로 그 일부이므로 참조점과 활성 영역은 엄밀하게는 일치하지 않는다.

다음 두 번째 목표 영역에서 '곱슬 머리카락→곱슬 머리카락를 가진 사람'으로 확대되는 것은 근원 영역과 목표 영역 사이에서 본뜨기가 일어나기 때문인데, 이러한 투사는 추론에 의해서 가능하다. 곧 두 영역은 양도 불가능한 '부분-전체' 관계로서 공간적인 인접성에 따른 추론이 있기 때문에 확대 전이가 일어난다[8]. 이 경우 근원 영

---

7 참조점은 추상적인 것보다 구체적인 것, 눈에 보이지 않는 것보다 보이는 것, 인간이 아닌 것보다 인간이 현저성이 높아서 채택된다고 볼 수 있다.

8 임지룡(1997:193-201)에서는 확대지칭 양상의 보기로서 '한 특징→사람/사물', '소유물→소유자', '개체→유형', '원인↔결과'의 유형을 들고 있다.

역은 신체의 일부로서 목표 영역의 일부분에 해당하므로 근원 영역과 목표 영역 두 영역은 비대칭을 이룬다.

지금까지 논의된 두 단계를 정리하면 다음과 같다.

〈1단계: 근원 영역〉　　　　　〈2단계: 목표 영역〉

곱슬　→　**곱슬 머리카락**　→　곱슬 머리카락를 가진 사람
　〈활성화〉　　　　〈환유적 확대 투사〉

첫째, 〈1단계〉는 근원 영역 안에서 일어나는 현상으로서 '곱슬'이 참조점이지만 활성 영역은 '곱슬 머리카락'이므로 '곱슬 머리카락'이 활성화된다. 이 단계에서 모습과 활성 영역의 불일치가 일어난다.

둘째, 〈2단계〉에서는 환유적 투사가 일어나서 근원 영역은 목표 영역에 공간적으로 포함된다.

나. 전체 → 부분 도식

일반적인 표현의 경우에 전체가 부분보다 더 두드러진 요소이므로 전체 → 부분 표현들이 많다. 그런데 소유 표현에는 이 도식이 흔하지는 않는 것으로 나타난다.

다음은 한국어 소유 표현 가운데 '전체 → 부분' 도식에 해당하는 것으로서 소유물 전체가 소유물 부분을 지시하는 표현의 보기들이다.

(12) ㄱ. 그는 부모로부터 <u>재산</u>을 받다.

　　　ㄴ. 그는 아들에게 <u>집을</u> 주다.

　(13) ㄱ. 그는 <u>산을</u> 사다.

　　　ㄴ. 그는 <u>회사를</u> 팔다.

　소유의 이상화된 인지 모형(ICM)에서 보면, (12, 13)은 소유자, 소유물이 소유 이동 행위를 나타내는 표현들이다. 소유이동 풀이씨는 '주다/받다, 사다/팔다' 따위로 실현되고, 이동하는 것은 '소유물'이다. 이 '소유물'들에서 전체가 부분을 대신하는 환유로서 '소유물 전체'가 윤곽화되어 직접적으로 나타나고, '소유물의 부분'이 배경화되어 직접적으로는 나타나지 않는다. 보기 들면, (12ㄱ)에서 '재산'은 '토지, 건물, 현금, 주식...' 따위의 부분이 있고, (12ㄴ)의 '집'도 '토지, 건물' 따위의 부분이 있고, (13ㄱ)의 '산'도 '나무, 바위, 길' 따위의 부분이 있고, (13ㄴ) '회사'를 이루는 요소에도 '사무실, 책상, 의자, 소파,.. ' 따위의 부분이 있는데, 부분들은 표현되지 않고, 전체만 나타나는 특징을 보인다. 또한 이들 소유물도 엄밀한 의미에서 차이가 있는데, (12ㄱ)의 '재산'이나 (13ㄴ)의 '회사'의 경우는 상위 개념으로서 하위 개념과는 유와 종의 관계로서 제유이고, (12ㄴ)의 '집' (13ㄱ)의 '산'의 경우는 상위 개념과 하위 개념은 전체-부분 관계로서 환유에 속한다. 이들 표현은 전체가 부분을 대신하는 것으로서 하위 개념인 부분을 생략하고 상위 개념인 전체를 두드러지게 함으로써 모습과 활성 영역의 불일치를 보인다. 이를 통하여 대화상의 간결성, 경제적인 효율성을 가져올 수가 있다.

　그러므로 앞의 예문 (12ㄱ)의 표현에서 보면, 참조점인 전체 '재산'

이 근원 영역이 되어 활성화되어 그 하위 영역인 재산의 일부에 본 뜨기됨으로써 목표 영역에 접근하게 된다. 이 경우 같은 소유라는 영역 안에서 근원 영역이 목표 영역에 환유적 투사가 일어나서 축소 지향의 지시적인 환유가 성립한다.

근원 영역 → 목표 영역

소유물 전체 → 소유물 부분

〈환유적 축소 투사〉

첫째, 소유물 전체가 근원 영역으로서 참조점이 되어 소유물 부분인 목표 영역에 투사된다.

둘째, 환유적 축소가 일어나서 근원 영역이 목표 영역을 공간적으로 포함한다.

지금까지 지시적 환유를 '소유물→ 소유자 도식, 부분→전체 도식, 전체→부분 도식'으로 나누어서 살펴보았는데, 이를 정리하면 다음과 같다.

〈근원 영역〉　　〈목표 영역〉

① 소유물 → 소유주　　**소유물** → 소유자

② 부분 → 전체 관계　　**신체 부분** → 소유자

③ 전체 → 부분 관계　　**소유물 전체** → 소유물 부분

위의 ①②③은 다시 다음과 같이 풀어서 설명할 수 있다.

①은 근원 영역이 목표 영역에 공간적으로 인접한다.
②는 근원 영역이 목표 영역에 공간적으로 포함된다.
③은 근원 영역이 목표 영역을 공간적으로 포함한다.

2.2.2. 서술적 환유

서술적 환유는 임자말의 특성, 행동, 사건 등을 서술하는 용법이다. 이들도 두 가지로 나눌 수 있는데, 하나는 비한정 이름씨구, 이름씨로부터 전환된 움직씨로 나타나는 서술적 환유이며, 다른 하나는 풀이씨구로 나타나는 서술적 환유이다[9]. 한국어의 경우 소유 표현의 경우 두 가지 용법 가운데에 첫째 유형은 찾기 어렵고, 두 번째 서술적 환유의 보기가 나타나는데 풀이씨구로 실현된다.

일반적인 표현의 경우 서술적 환유는 사건과 관련된 비유법으로서 부분 사건이 전체를 대신하거나 전체의 사건이 부분 사건을 가리키는 표현에 나타난다.

---

9 정희자(2004:280-295)에서 비한정 이름 마디, 이름씨로부터 전환된 움직씨로 나타나는 서술적 환유이며, 이들의 보기를 다음과 같이 들고 있다.
ㄱ. John is a Picasso. / ㄴ. John authored a new book. / ㄷ. Cathy dusted her room. / ㄹ. She shampooed her hair. / ㅁ. They wintered in Hawaii last year. / ㅂ. He porched the newspaper. / ㅅ. She faced toward the sea. ㄱ의 'a Picasso'는 피카소 같은 화가, ㄴ은 'author' 이름씨가 'authored'로 전환된 움직씨로서 [행위자로 그 행위자의 특징적인 활동을 대신함], ㄷ은 'dust'가 'dusted'로 전이된 것으로서 [피행위자로 그 피행위자와 관련된 특징적인 행동을 대신함], ㄹ은 'shampoo'가 'shampooed'로 전이된 것으로서 [도구로 그 도구와 관련된 행동을 대신함.], ㅁ은 'winter'가 'wintered'로 전이된 것으로서 [기간으로 그 기간 동안의 특징적인 활동을 대신함], ㅂ은 'porch'가 'porched'로 전이된 것으로서 [목적지로 이동을 대신함], ㅅ은 신체기관을 나타내는 이름씨를 풀이말로 전환, 임자말의 행동을 서술하는 환유를 사용하는 보기로서, 'faced'가 '... (앞)쪽을 향하다.'로 해석된다.

(14) ㄱ. 어머니는 <u>숟가락을 들었다.</u>

ㄴ. 소녀가 <u>머리를 흔들었다.</u>

ㄷ. 운전수는 <u>차의 시동을 걸었다.</u>

(14ㄱ)의 '숟가락을 들다'는 '숟가락'이라는 도구를 활용하여 '밥을 먹다'라는 전체 행위를 대신하는 것으로서 '밥을 먹는 행위'의 처음 사건을 초점화함으로써 전체 사건을 가리킨다. 이에 따라 '서술적 환유'도 지시의 기능과 이해의 기능을 갖는다. (14ㄴ,ㄷ)도 마찬가지인데, ㄴ도 '머리를 흔들다'도 '머리'를 통해서 '부정하다'라는 전체 사건을 나타낸다. ㄷ의 경우도 '운전자'가 '차의 시동을 거는' 부분적이고 특징적인 사건이 '차의 운행'이라는 전체 사건을 대신하고 있다.

영어의 경우도 서술적 환유가 풀이씨구로 실현된다.

(15) ㄱ. John <u>opened his purse</u> in the restaurant.

ㄴ. John <u>showed his head</u> when we spoke ill of him.

밑줄 친 풀이씨구 'opened his purse'는 '지불하다', 'showed his head'는 '나타나다'의 뜻으로서 [하위 사건으로 전체 사건을 지시]로 해석되는 서술적 환유이다[10].

---

10 이 둘의 차이를 Nunberg(1995)는 대이름씨 또는 이음씨 일치 검사(agrement test)를 통하여 '풀이말 전환(predicate transfer)'과 '전환된 지시(deferred reference)'로 구별하였다.

그럼 한국어 소유 표현을 대상으로 하여 서술적 환유가 어떻게 실현되는지를 살펴보기로 한다[11].

> (16) ㄱ. 그는 <u>집문서를 매수자에게 넘겼다.</u>
>
> ㄴ. 그녀의 양손에는 <u>쇼핑백이 들여 있었다.</u>

소유 표현은 '소유자', '피소유자', '소유물'의 세 요소가 필수요소이고, 소유자와 피소유자와의 사이에서 소유 행위가 일어나는 소유 ICM이라는 인지 영역이 배경이 된다. 이 인지 모형 속에서, (16ㄱ)은 물건을 사고파는 사건을 전부 말하지 않고 그 전체 사건의 결말 부분이 참조점이 되어 전체 사건을 가리키는 표현이다. 이는 [하위 사건이 전체 사건을 지시]하는 인지 과정이 관여함을 알 수 있다. 곧 '집문서를 넘기다'는 부분 사건 참조점이 되어 목표 영역인 '집을 팔다'로 개념적 접근이 일어난다. (16ㄴ)도 물건을 사는 사건 전부를 말하는 대신에 물건을 사는 사람이 '산 물건을 들고 있다.'라고 하여 사건의 결과에 초점을 둠으로써 '물건을 사다'라는 전체 사건을 지시하는 표현이다. 그래서 (16)의 표현들은 하위 사건이 참조점이 되어 목표 영역인 전체 사건에 접근하는 것으로서 시간적 인접성에 따른 서술적 전이(predicate transfer)가 일어난다. 이 전이는 확대 지칭 원

---

11 이 글의 서술적 환유를 김동환(2005:480–484)에서는 시간적 환유(temporal metonymy)로 분류하고 있다. 시간적 환유는 다시 전체 사건과 하위 사건 사이의 관계에 근거를 두는 것과, 다른 하나는 선행 상황과 후속 상황 사이의 관계에 근거를 두는 것이다. 이 글에서는 서술적 환유는 사건과 사물을 구별하여 사건에 초점을 맞춘 것으로서 시간적 인접성, 인과적 인접성을 포함하여 쓰기로 한다.

리로 설명이 가능하다.

또 다른 서술적 환유는 관용 표현에서 찾아볼 수 있다. 보기 들면 '깡통을 차다'의 경우 '차다'는 부림말에 올 수 있는 사물이 '사람이 몸에 달 수 있는 물건'이라는 범주가 정해져 있기 때문에 '깡통'과 같은 물건은 예측이 가능하다. 따라서 이와 같이 예측이 가능한 '차다 -달 수 있는 물건'과의 관련성은 '차다'의 의미 속에 '깡통' 따위가 함의되어 '깡통을 차다' 전체가 서술적 환유를 이룬다. 그래서 근원 영역이 목표 영역으로 환유적 확대 전이가 일어나서 '빈 주머니가 되다'라는 뜻이 가능하다.

지금까지 논의로 볼 때 서술적 환유도 앞의 지시적 환유에서 부분 → 전체 도식과 마찬가지로 비양도성 소유 표현이다. 그런데 둘의 차이점이라면 서술적 환유는 풀이씨구 전체가 부분 사건으로서 전체 사건을 시간적 인접성에 의해서 사건을 지시한다면, 부분-전체 도식은 부분이 전체를 대신하는데, 이것은 공간적 인접성에 의해서 어떤 상태를 지시한다는 점에서 차이가 있다.

근원 영역 → 목표 영역

부분 사건 → 전체 사건

⟨환유적 확대 투사⟩

첫째, 부분 사건이 근원 영역으로서 참조점이 되어 목표 영역에 투사가 일어난다.

둘째, 환유적 확대 전이가 일어나서 근원 영역이 목표 영역에 시

63

간적으로 포함된다.

　지금까지 소유 표현을 대상으로 환유가 우리의 개념 구조에서 일어나한다는 관점에서 살펴보았다. 이 글에서는 소유 표현의 이상화된 인지 모형을 ① '소유물 → 소유자' 도식, ② '부분 → 전체' 도식, ③ '전체 → 부분' 도식, ④ '부분 사건 → 전체 사건' 도식의 네 가지 꼴로 살펴보았다. 이 가운데 ①②③은 공간적 인접성에 따른 '지시적 환유'이고, ④는 시간적 인접성에 따른 '서술적 환유'이다.

　이 가운데 ① '소유물 → 소유자' 도식, ② '부분 → 전체' 도식 ④ '부분 사건→전체 사건' 도식의 세 꼴은 '부분'이 '전체'를 지시하는 표현으로서 환유적 확대 전이가 일어나는 표현이고, ③ '전체 → 부분' 도식은 반대로 환유적 축소 전이가 일어나는 표현이다. 따라서 이들 네 유형을 근원 영역과 목표 영역의 관련성에서 보면, 한 영역 안에서 확대 또는 축소의 환유적 전이가 나타나므로, 두 영역은 비대칭 현상을 보인다. 이들 네 가지 유형에서 '부분'이 '전체'를 대신하는 유형이 세 가지이고 반대로 '전체'가 '부분'을 대신하는 유형은 한 가지이므로 '부분 → 전체' 도식이 지배적인 것으로 나타난다.

　또 근원 영역이 목표 영역에 투사되는 인지 과정을 연속성의 관점에서 네 가지 꼴로 나누어 보았는데, 〈①은 근원 영역이 목표 영역에 공간적으로 인접한다. ②는 근원 영역이 목표 영역에 공간적으로 포함된다. ③은 근원 영역이 목표 영역을 공간적으로 포함한다. ④ 근원 영역이 목표 영역에 시간적으로 포함된다.〉로 나타난다. 이로 볼 때, 한국어 소유 표현은 공간적 환유가 ①②③으로서 시간적 환유 ④보다 광범위하게 나타남을 알 수 있다.

지금까지 이 논문에서는 소유로 해석되는 표현을 대상으로 환유가 적용 가능함을 살펴보았다. 이 방법론은 한국인이 소유 표현에서 어떠한 환유 모형의 틀을 갖추고 있는가를 밝히는 것으로서, 한국인의 인지 구조의 일부를 밝히는 시도가 될 것이다. 그러므로 환유가 관여하는 다른 영역을 찾아내어 환유 연구의 적용 범위를 넓혀 나간다면 우리 머릿속의 개념화의 신비도 점차로 밝혀 나갈 수 있을 것으로 본다.

개념화와
의미 해석

제Ⅱ부
개념화와
주관화

개념화와
의미 해석

제3장

주관화와 의미 해석
- 개념 화자를 중심으로 -

지금까지 언어 연구는 언어 자료를 객관적인 관점에서 분석하고, 자료를 처리하는 방법론을 주로 취해 왔다. 그런데 의미 분석의 경우에는 객관적인 관점뿐만 아니라 주관적인 관점도 필요할 때가 있다고 본다. 이를 '주관화'라고 하는데, 이 글에서는 먼저 주관화에 대해서 자세히 알아보고, 그리고 언어 현상에 주관화가 어떻게 관여하는지를 살펴보고자 한다. 이런 주관적인 해석 방법으로 의미를 파악하기 위한 구성 요소를 들면, 사태를 바라보는 '개념 화자(conceptualizer)'와 이 개념 화자가 바라보는 '사태'가 있고, 그 사태에는 '주체'와 '객체'가 있다. 이 글에서는 이 주체와 객체라는 용어 대신에 이들과 비슷한 '탄도체'와 '지표'라는 개념을 도입하는데, '탄도체'는 '어떤 관계에서 더 현저한 참여자'이고, '지표'는 '그 관계에서 현저하지 않은 참여자(김동환 2005:542).'를 뜻한다.

　개념 화자가 사태를 해석할 때, 객관적으로 볼 수도 있지만 주관적인 접근 방식을 취할 수도 있다. 후자의 경우, 개념 화자의 위치와 관점에 따라서 의미 파악 방식과 주관성의 정도성이 달라진다고 볼 수 있다. 그래서 이 글에서는 언어 표현에 나타나는 개념 화자와 탄도체와 지표의 관련성에서 주관화의 특성을 밝히는 것을 목표로 한다.

　그리고 의미를 파악하기 위한 요소 가운데 중심 요소인 개념 화자를 중심으로 논의를 전개하는데, '개념 화자의 위치', '개념 화자의 관점', '개념 화자의 심적 경로', '탄도체의 역할 변화'에 초점을 맞추기로 한다.

　이 글 전체의 구성을 보면, 2장에서는 주관화란 무엇인지 그 본성에 대해서 알아보고, 3장에서는 한국어를 대상으로 해서 주관적으로 해석되는 표현을 유형화하기로 하는데, 첫째 이동 표현을 통하여 '개념 화자와 범위의 위치 관계', 둘째 형태소 '-겠-'을 통한 '탄도체의 역할 약화에 따른 개념 화자의 역할 강화'의 관점에서 접근하고자 한다.

　이러한 논의를 진행하기 위한 구체적 방법은, 개념 화자의 위치가 무대 밖인지 안인지, 만일 무대 안이라면 범위의 최대 범위와 직접 범위 가운데 어디에 있는가에 초점을 맞추기로 한다. 이것은 무대 모형을 Ronald W. Langacker가 일반 인지에 적용한 것으로서, 이 글에서는 한국어 표현을 대상으로 하여 주관화의 본성과 정도성에 대해서 자세히 논의해 보고자 한다.

주관화에 관한 논의는 최근에 R. W. Langacker(1987, 1990, 1999)의 논의에서 영향을 받아서 한국어에 적용하고 있는 데 연구가 많은 편은 아니다. 대표적인 연구로는, 주관성을 다양한 표현들을 통해서 고찰한 연구로서는 이기동(1989), 이동 표현에 적용한 것으로는 임지룡(1998), 의미 확장에 적용한 것으로는 김동환(2001) 등을 들 수 있다.

이 글은 넓게는 인지언어학(cognitive linguistics)의 접근 방식에 토대를 둔 것으로서, 이 이론은 '의미란 개념화다.'라는 입장에서 개념 화자가 사태나 사물을 어떻게 인지하여 개념화하는가에 관한 이론이다. 이것은 심리, 인지적인 접근 방식으로서, 언어의 의미를 밝히기 위해서는 주관적인 접근 방식이 유효함을 보이고 있다.

3.1. 주관화의 본성

3.1.1. 인지적 의미 파악 방식

인지언어학은 주관적 의미론의 입장을 취하여 표현이 같더라도 해석이 다르면 의미가 다르다고 생각하는데, 그 해석 차이를 가져오게 하는 요인의 하나로 현저성(salience)을 들고 있다. 어떤 특정한 영역 내의 구성을 보면 현저성의 차이가 드러나는데, 그것은 배후로 기능하는 '배경(ground)'과 초점화되어 현저성이 높은 '윤곽(profile)'이라는 부분으로 나뉜다. 이 윤곽이 어떤 사물과 사물 사이에 성립하는 관계를 나타내는 경우, 양쪽 다 윤곽화되어도 그 사이에는 현저

성의 차이가 있다. 이와 같이 관계를 나타내는 윤곽 가운데 현저성
이 가장 높은 부분 구조를 '탄도체(trajector=tr)'라 하고, 이를 달리
'관계 윤곽 내의 모습(figure within a relational profile)'이라고도 설
명한다. 그 다음으로 현저성이 높은 부분 구조를 '지표(landmark=
lm)'라고 하는데, 지표는 탄도체의 위치를 잡아줄 때 참조점을 제공
하는 것으로 보기 때문에 그렇게 부른다(김종도 옮김 1998:228). 인
지문법에서는 현저성이 가장 높은 참여자를 임자말로 정의하고, 두
번째의 모습(secondary figure)은 지표로 정의하고 이 참여자를 부림
말로 보는 것이 일반적이다. 그러므로 임자말, 부림말의 개념은 탄
도체와 지표의 특별한 경우이다.

이 '탄도체'와 '지표'의 구별은 '모습-바탕(figure-base)' 구별이라
는 기본적인 인지 능력의 언어학적 발현의 하나라고 할 수 있다. 또
한 '탄도체'는 장소를 알아내거나 성질을 기술하거나 움직임을 추적
하는 대상이 되는데, '지표'는 그러한 행위의 기준이 된다. 따라서 이
양자의 구별은 주관적인 의미의 차이를 가져오게 한다. 아래 (1)의
표현은 하나의 사태를 탄도체와 지표의 기준에 따라서 두 가지 의미
로 해석된다.

(1) ㄱ. 책이 책상 위에 있다.

ㄴ. 책상이 책 아래 있다.

(1)의 두 표현은 의미 구조가 다르다고 보는데, 그것은 탄도체와
지표의 기준이 바뀌기 때문이다. (1ㄱ)에서 '책'은 탄도체이고, '책

상'은 기준으로서 지표이다. 반대로 (1ㄴ)에서는 '책상'이 탄도체이
고 '책'이 기준으로서 지표에 해당한다. 이 두 표현은 객관적 사태는
하나지만 의미 구조는 다르게 해석된다. 이와 같이 언어 표현은 사
람이 바라보는 주관적 관점에 따라서 의미 해석이 달라질 수 있다고
본다.

의미 파악은 개념 화자가 언어 표현이 지시하는 것을 어떻게 파악
하는가 하는 개념화의 문제로 생각한다. R. W. Langacker는 이것을
지각의 모형을 활용하여 무대 모형(stage model)으로 설명한다. 지각
의 주체와 객체가 분명히 분리되어 있을 때, 지각 주체는 이른바 관
객으로서 무대 밖(off-stage)에서 무대를 보는 데 지각 객체는 무대
위(on- stage)에 있다. 지각자는 시야의 일부에 무대를 포착하고 무
대 위에 시각의 초점을 맞춘다.

의미 해석을 위해서는 구성 요소가 있는데, 이에는 '개념 화자'와
'사태'가 필요하다. 이 '사태'를 구성하는 요소로서 '주체'와 '객체'가
있다. 곧 어떤 사태의 해석을 위해서는 그 사태를 해석하는 '개념화
의 주체(subject of conceptualization)'인 '개념 화자(관찰자)'가 있어
야 하고, 다음 그것에 의해서 해석되는 '개념화의 대상(object of
conceptualization)'인 '사태'가 있는데 이에는 '주체'와 '객체'가 포함
된다. 어떤 사태가 있을 때, 어떤 존재는 개념화의 주체로서 역할을
담당하기도 하고, 개념화의 대상으로서 역할을 담당하는 경우도 있
다. 일반적으로 보면 전자는 '최대한으로 주체적인 존재(maximally
subjective)'이고, 후자는 '최대한으로 객체적인 존재(maximally
objective)'로 볼 수 있다. 이 글에서는 이들 가운데 주관화에 가장 중

심적인 역할을 하는 개념 화자에 초점을 맞추기로 한다. 왜냐하면 이 개념 화자가 무대의 밖에 있으면 객관적인 관점을 취하지만 그렇지 않고 무대 위에 있을 경우 주관적인 뜻으로 해석되기 때문이다. 그러므로 '주관화'란 개념 화자가 사태 속의 주체와 객체를 어떻게 주관적/객관적으로 바라보는가 하는 관점의 문제와 정도성의 문제라고 볼 수 있다.

3.1.2. 주관적 의미 해석의 특징

'해석(construal)'이란 '발화 과정에서 지각된 사태를 분절하여 의미 있는 것으로 구축하는 창조적 활동'을 말한다. 해석의 방법을 달리 '파악 방법'이라고도 부른다. 언어 표현의 구조나 체계는 궁극적으로 '지각된 사태를 어떻게 해석하는가'에 따라 결정되는 것이 개념주의의 의미관이다. 이처럼 인지문법에서는 인식의 주체와 객체의 비대칭성에 기초해서 '주관적/주체적(subjective)'[1], '객관적/객체적(objective)'이라는 용어를 쓴다. R. W. Langacker(1999)는 '주관화(subjectification)'란 어떤 개체에 대한 비교적 객관적인 해석으로부터 주관적인 해석으로의 전이이다(김종도·나익주 옮김 2001:443).'라고 보고, 김동환(2005: 261)도 '탄도체와 지표 사이의 관계는 객관적으로 해석되는 것이 아니라 개념 화자가 그 관계에 참여하기 때문에 주관적으로 해

---

1 이 글에서는 '주관적/주체적'이란 용어 가운데 '주관적'을 선택하는데, 그 이유는 '주체적'이라고 하면 개념 화자 가 아니라 '주체'와 관련되는 것으로 보이기 때문이다. 또 '주관화'라는 용어가 일반화되어 있으므로, '주관적'은 '주체적'보다는 '주관화'와 더 쉽게 결부되기 때문이다.

석된다고 말할 수 있다.'고 본다.

그럼 의미 해석에 관여하는 구성 요소들을 고려하여, 주관적 의미 해석의 특징에 대해서 좀 더 자세히 살피기로 한다.

첫째, 주관화는 심리적인 파악 방식에 관여하는 기제를 뜻한다.

(2) ㄱ. 아이가 길을 건너 빨리 달리고 있다.

ㄴ. 우체통이 길 건너 오른쪽에 있다.

(2) 두 표현의 차이점은, (2ㄱ)에서는 아이가 거리 반대쪽으로 실제로 이동을 하는 것을 개념 화자의 시선이 따라가는 표현이라면, (2ㄴ)에서는 우체통이 움직이는 것이 아니라 개념 화자의 시선만이 심리적으로 우체통이 있는 곳을 거리를 따라가면서 보여준다는 점이다. 곧 (2ㄱ)은 주체인 '아이'의 물리적, 객체적 이동이라면, (2ㄴ)은 개념 화자인 주체가 '우체통'의 위치를 추적하는 심리적, 주관적 이동에 속한다. 이처럼 (2ㄴ)의 사태는 '우체통'이 실제적으로 이동하는 것이 아니라 개념 화자의 심적 경로(mental path)를 보이는 표현으로서, 이와 같은 심리적 이동에 관여하는 기제를 주관화라고 본다.

둘째, 주관화는 어떤 사태가 순서나 방향성이 있는 것으로 인식하는 인지 처리(cognitive processing)에 관여하는 기제이다. 곧 어떤 정적인 사태가 단독으로 개념화되는 것이 아니라 복수의 다른 사태가 일정한 순서에 따라 주사된다고 파악할 때 관여하는 인지 기제이다. 우리가 외부의 세계를 인지하는 경우, 사태의 대상과 다른 대상을 비교하는 인지 과정이 무의식적으로 일어난다고 볼 수 있다. 이 비교의 인지에 의해서 사물의 범주화나 경험의 구조화, 또는 지식의 구조화가 가능하다. 이 비교 행위는 어떤 인지 사태를 기준으로 하고, 이것을 기초로 해서 다른 인지 사태를 상대적으로 파악해서 행위로 규정한다. 이 비교 행위에서 두 가지의 인지 사태를 관련시키는 과정이 주사(走査, scanning)이다. 이를 심적 주사(mental scanning)라고도 하는데, 이는 우리가 어떤 사태를 인지하는 두 가지 인지 과정이 있기 때문이다. 주사를 ')'로 표시하는 경우, 비교 행위는 'S)T'로 표시한다.

주사는 어떤 인지 사태 A를 기준으로 해서 다른 인지 사태 B를 관련시키고, 다음에 그 B를 기준으로 해서 다른 인지 사태 C, 또 그 C를 기준으로 해서 다른 인지 사태 D를 파악해서 연속적으로 일어날 가능성을 전제로 한다. 주사에 의해서 연속되는 두 가지의 인지 사태는 하나로 모이게 되고, 그것이 또 다른 하나가 되어 인지 사태와 결부된다. 이렇게 합쳐진 인지 사태에는 또 S와 그 시작의 위치 T가 관련되어 하나가 되어서 S)T로 파악된다. 그 위에 그것이 다음의 위치 S')T'와 비교되고, 또 그것이 다음의 S")T"와 비교된다. 이 연속적인 주사가 개입되어 대상의 위치 변화를 인지한다(김종도 옮김 1998: 150-155). 이 주사 방식에도 두 가지 꼴이 있는데, 보기를 들면 다음과 같다.

  (3) ㄱ. 꽃이 떨어지다.
      ㄴ. 꽃이 떨어짐.

(3ㄱ)은 꽃이 떨어지는 사태를 시간적 순서로 인지하는 '연속 주사 (sequential scanning)'라고 부른다. 그런데 (3ㄴ)은 인지 처리의 방향에서 실제의 시간 축에 그러한 변화가 있는 것이 아닌 것이므로, 시간적인 변화가 없는 사태로 해석된다. 이것은 주사된 인지 사태의 연속을 하나의 사태로서 처리하는 것이 가능한데, 이를 '요약 주사 (summary scanning)'라고 부른다. 요약 주사에 의하여 성분 구조가 통합된 하나의 형태로 인식되고 비시간적 관계(복합 비시간적 관계)를 나타내는데, 이 요약 주사는 근본적으로 누적적이므로, 우리는 이 사태들을 게스탈트(gestalt)로 경험한다. 전체적 구조에는 거기에 이르는 누적 과정도 포함되어 있고 변화의 방향성도 동시에 표시되어 있다. 따라서 요약주사는 연속된 누적 과정과 그 결과 생기는 총체적 형태라는 두 가지 측면을 가진다(임지룡 외 3인 옮김 2004 :138). 보기 들면 전자가 움직씨 '떨어지다'로 표현하여 사태를 연속적으로 파악한다면, 후자는 같은 사태를 일괄적인 주사가 개입되어서 '떨어짐'과 같이 이름씨구로 파악한다. 이 두 가지 사태의 파악 방식을 그림으로 나타내면 다음과 같다.

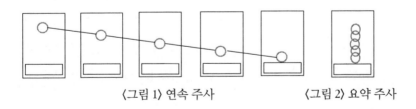

〈그림 1〉 연속 주사   〈그림 2〉 요약 주사

이처럼 주사는 개념 화자가 사태를 파악하는 방식으로서, 개념 화자의 인지 방법에 따라서 하나의 사태를 다른 방법으로 파악하는 기제이다. 이러한 주사에 관여하는 인지 기제가 주관화이고 이런 관점에서 내리는 해석을 '주관적 해석'이라고 한다.

셋째, '주관화'는 탄도체가 약화될 때 관여하는 기제이다[2]. 인지언어학에서는 같은 상황이 여러 가지 방식으로 파악되고, 이들이 언어 표현의 의미를 구성하는 데 있어서 중요한 것으로 본다고 했다. 그러한 다양한 해석을 가능하게 하는 구조를 시각적 은유에 따라서 '초점 조절(focal adjustment)'이라고 부르고, 이것을 '선택(selection)', '원근법(perspective)', '추상화(abstraction)'의 세 가지로 하위분류한다. 초점 조절 가운데 '선택'이란 장면의 어느 국면을 다루는가를 결정하고, 원근법은 장면을 보는 위치에 관계한다. 그래서 결과적으로 참여자의 상대적 현저성이 나온다. '추상'은 상황이 그려지는 자세성 수준과 관계가 있다(김종도 옮김 1998:123-145). '범위(scope)'는 그 중 '선택'의 문제로, 개념 화자에 의해서 개념화되는 객체인 윤곽을 특징짓는 데에 필요한 문맥을 말하고, 배경과 거의 같은 뜻으로 사용된다. 이 '범위'는 '최대 범위'와 '직접 범위'로 나눌 수 있다. R. W. Langacker는 '최대 범위(maximal scope)'는 '주어진 어떤 개념화의 완전한 내용-우리가 구체적으로 관심을 기울이고 있는 중심적인 개념들뿐만 아니라 희미하게 자각할 수 있는 더 주변적인 개념들-으로 이루어진다.'(김

---

2 R.W. Langacker도 '주관화'는 어떤 개체에 대한 비교적 객관적 해석으로부터 더 주관적인 해석으로의 전이이다. 여기에서 검토되는 경우들은 행위자 임자말이 행사하는 통제 정도의 약화와 관련이 있다(김종도·나익주 옮김 2001:445)고 본다.

종도 옮김 2001:311)고 보지만, '직접 범위(immediate scope)'는 '객관
적 장면(관찰 주위의 일반적인 위치)과 유사하다. 서술에 의해 지시된
개체는 관찰 제일 대상(즉 객관적 장면 내의 초점)과 일치한다.'(김종
도 옮김 1998:137)라고 정의한다. 이를 무대 모형과 비교하여 그림을
그리면 다음과 같다(김종도·나익주 옮김 2001:310-311).

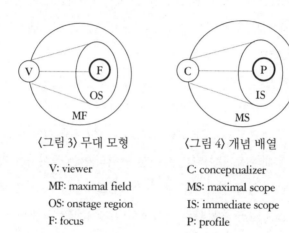

〈그림 3〉 무대 모형 　　　　〈그림 4〉 개념 배열

　　V: viewer 　　　　　　　　C: conceptualizer
　　MF: maximal field 　　　　MS: maximal scope
　　OS: onstage region 　　　　IS: immediate scope
　　F: focus 　　　　　　　　P: profile

　이 논의를 참고하여 이 글에서는 '최대 범위'와 '직접 범위'를 다
음과 같이 정의하기로 한다[3].

▌최대 범위(maximal scope, MS) : 개념화의 내용 전체를 포함한 것.
▌직접 범위(immediate scope, IS) : 그 중에서 윤곽(profile)을 특징
　　짓는 데 가장 관련성이 크고 두드러진 것.

---

3 초기 인지문법에서 R. W. Langacker(1987)는 '최대 범위(maximal scope)'는 '지각
　적 접근의 최대 지역과 유사.'하다고 정의한다(김종도 옮김 1998:137).

　개념 배열(conceotual arrangement)은 시각에 기초한 무대 모형을
인지 전반에 걸쳐 일반화한 것이다. 개념 배열 상에서 중심부에 있
는 요소는 객관적으로 해석되고 주변부에 있는 요소는 주관적으로
해석된다는 점에서, 주관성과 객관성은 개념 배열에서 요소들이 차
지하는 관점과 역할의 문제인 것이다. 언어 표현의 의미에 관해서
보면, 일차적인 개념 화자 는 화·청자이다. 원칙적으로 개념 화자로
서 화·청자는 무대 밖 주변부에 위치하며 주관적으로 해석된다(김
동환 2005:255)[4].

　무대 모형에서 '무대'는 인지언어학에서는 달리 '범위(scope, 작용
역)'라고 한다. 언어 표현의 의미는 개념 화자가 무대인 범위의 밖에
있다면 가장 객관적으로 사태를 바라보는 것이지만, 그렇지 않고 무
대 밖에서 무대 위로 들어간다는 것은 범위의 안에 들어가는 것으로
서 주관적인 관점을 취한다고 볼 수 있다. 이에 따라서 개념 대상은
객관성을 점차 잃고 주관화되는 정도성이 높아진다. 그래서 언어 표
현 가운데는 '객관성/주관성'이 정도성을 보이는데, 범위 가운데도
'최대 범위(MS)'인가 '직접 범위(IS)'인가에 따라서 달라지게 된다[5].

　4　개념 배열(conceptual arrangement)은 시각에 기초한 무대 모형을 인지 전반에 걸
　　쳐 일반화한 것이다. 보기 들면 '아저씨'라는 낱말에서 그것이 환기시키는 내용 전
　　체를 포함한 것이 최대 범위이고, 그 중 적어도 '본인, 부모, 부모의 남형제'가 '아저
　　씨'라는 의미의 직접 범위를 구성한다. 또 범위는 계층을 형성하는 경우가 있다.
　　'몸〉팔〉손〉손가락〉손마디'에서 각각 왼쪽에 있는 낱말의 윤곽이 그 낱말의 직접 범
　　위가 된다(임지룡 외 3인 옮김 2004:79 참조).

　5　R. W. Langacker는 주관화는 적어도 네 가지의 기준이 약화된다고 본다(김종도·
　　나익주 옮김 2001:447-458 참조).
　　A. 상태의 약화 : 실제의 이동에서 이동의 가능성으로, 특정 사물의 이동에서 특정
　　　적인 사물의 이동으로 약화.

3.2. 언어 표현에 나타나는 주관화

언어 표현을 해석할 때는 '객관성/주관성'에 따라서 의미 해석이 달라지고, 정도성에서도 차이가 있다. 이것은 '개념 화자에 의한 사태와의 심적 관련성(mental contact)', '심적 주사(mental scanning)', '심적 추론(mental extrapolation)' 따위에 의해서 관찰 관계에서 관찰점과 범위의 변화에 따라서 달라질 수 있다. 이에 따라서 주관화의 관여성과 정도성을 '개념 화자와 사태의 범위로 본 의미 해석', '개념 화자의 역할 강화로 본 의미 해석'으로 나누어서 체계화하기로 한다.

3.2.1. 개념 화자와 범위의 위치 관계로 본 의미 해석

주관화는 개념 화자가 사태를 바라보는 관점, 곧 개념화의 대상을 보는 주관적 관점(viewpoint)에서 비롯된다. 개념 화자가 서 있는 위치가 구체적이면서 사태가 일어나는 무대의 밖이면 객관적이지만, 무대의 범위 안으로 들어갈수록 추상적이고, 주관적인 관점이 된다.

B. 초점 곧 윤곽화된 사물의 약화 : 실제의 물리적 이동의 초점화에서 물리적 이동의 초점화로, 물리적 이동의 탈초점화로 약화
C. 영역의 반전 : 물리적 영역에서 사회적 또는 경험적 영역으로 약화.
D. 활동의 근원 또는 잠재력의 근원의 변화 : 탄도체라고 말하는 초점화된 무대 위의 참여자에서 무대 밖의 참여자로, 또는 특정의 이동물에서 비특정적, 총칭적인 이동물로 약화.

먼저 개념 화자가 개념화의 대상을 표현할 때, 그것을 사태의 밖에서 최대한 객관적으로 파악하는 단계부터 차례로 살피기로 한다. 이 때 개념 화자는 그 사태의 참여자가 될 수도 있고 그렇지 않을 수도 있다.

(4) 그들이 부산에 도착하고 있다.

(5) 우리가 부산에 도착하고 있다.

위 두 표현은 모두 개념 화자의 시선이 탄도체의 이동을 무대의 밖에서 바라보는 표현들이다. 그런데 (4,5) 이 둘의 차이점은 개념 화자가 사태에 직접 참여하는가 여부인데, (4)는 탄도체가 '그들'이므로 개념 화자는 '부산에 도착하고 있다'라는 사태에 직접 참여하지 않고 있다면, (5)는 탄도체가 '우리'이므로 그 사태에 다른 참여자들과 동참하여 구성원의 일부가 된 점이다. R. W. Langacker(1987)는 (5)를 말할이의 객관화(objectification of the spearker)라고 부른다 (김종도 옮김 1998:138). 이를 주관화의 관점에서 볼 때, 주체이면서 탄도체이기도 한 '그들'로 실현된 (4)가 '우리'로 실현된 (5)보다 더 객관적인 표현으로 볼 수 있다.

그런데 (5)에서 일인칭 복수 '우리'가 일인칭 단수 '나'로 실현되기도 한다.

(6) 내가 부산에 도착하고 있다.

(6)은 개념 화자와 주체가 일치해서 일인칭으로 실현된 것이다. 이 때 '나'는 사태의 참여자로서 탄도체이면서 이동체이기도 하다. 이 표현은 앞의 표현들보다 더 주관적인 표현으로 볼 수 있는데, 이처럼 주관화는 주체의 인칭에 따라서도 정도성이 달라질 수 있다. 그럼 지금까지 논의된 탄도체 이동의 두 유형을 〈탄도체 이동 1〉, 〈탄도체 이동2〉로 부르고, 이를 최대 범위와 직접 범위에 초점을 맞추어서 그림으로 그리면 다음과 같다.

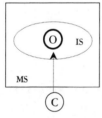
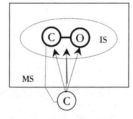

〈그림 5〉 탄도체 이동1   〈그림 6〉 탄도체 이동2

그림에서 C는 개념 화자를, O는 사태를 표시한 것이다.

〈그림 5〉 탄도체 이동1은 개념 화자가 사태 밖에서, 참여자가 아닌 상태에서 가장 객관적으로 사태를 파악하는 것이고, 〈그림 6〉 탄도체 이동2는 개념 화자가 사태 밖이기는 하지만, 사태의 참여자로 동참하면서 사태를 파악하는 그림이다.

그런데 이동 표현 가운데는 사태를 형성하는 탄도체가 언어화되지 않고도 가능하다.

(7) 부산이 시야로 들어왔다.

(8) 부산이 다가오고 있다.

(7, 8) 두 표현의 공통점은 이동체인 탄도체가 나타나지 않고, 반대로 이동의 목표(target)인 '부산'이라는 지표가 이동하는 표현으로 언어화된다는 점이다[6]. 곧 이 표현들에서 '부산'은 임자말로 표현되었지만, '부산'은 이동의 목표로서 지표에 해당한다. 그래서 앞의 (1, 2)는 탄도체가 임자말로 실현되었고, 이들이 이동하는 것으로 표현되어 있다면, (7, 8)는 탄도체 없이 지표가 임자말로 실현된 이동 표현이라는 점에서 차이가 있다. 이것은 이동이라는 하나의 사태를 다른 관점에서 각각 표현한 것으로서, 이동의 방향은 반대로 나타난다. 곧 (4, 5)는 탄도체가 지표로 가는 이동을 표현했다면, (7, 8)은 거꾸로 지표가 이동하는 것으로 표현한 것이다. 이를 각각 '탄도체 이동'과 '지표 이동'이라고 부르고, 도식화하면 다음과 같다.

(9) ㄱ. 탄도체 이동 : 주체(이동체) → 부산

ㄴ. 지표 이동 : 주체(이동체) ← 부산

앞의 예문 (4, 5)는 탄도체 이동에 해당하고, 예문 (7, 8)은 지표 이동에 해당한다.

이처럼 (7)과 (8)의 공통점은 지표 이동이므로 두 표현들 모두 탄

---

6 지도(map)와 땅은 고정적인 것이 아니라 반전이 일어나기도 한다.
  (1)ㄱ. 막걸리가 반이 남았다. /ㄴ. 막걸리가 반이 비웠다.
  (2)ㄱ. 영희가 철수를 닮았다./ ㄴ. 철수가 영희를 닮았다.

도체가 나타나지 않는다는 점이다. 이 표현들에서 지표는 탄도체의 목표로서 일종의 객체에 해당하는데, 이 객체가 객관화되면 될수록 개념 화자의 주관적 역할은 강화되어서 주관화가 진행된다고 볼 수 있다.

그런데 (7, 8) 두 표현도 의미의 해석 관계(construal relationship)의 면에서 차이가 있다. 이들의 차이를 알기 위해서 예문 (7, 8)의 탄도체 자리에 일인칭 표현을 넣어 보기로 한다.

(10) ㄱ. <u>내가 보니/나에게</u>, 부산이 시야로 들어왔다.

ㄴ. [?]<u>내가 보니/나에게</u>, 부산이 다가오고 있다.

(10)에서 ㄱ은 자연스럽지만, ㄴ은 어색하다. (10ㄴ)이 어색한 이유는 탄도체 자리에 일인칭 표현이 오고, 또 개념 화자의 역할이 강화됨으로써 일인칭 표현이 중복되었기 때문일 것이다. 이것을 주관화의 정도성으로 볼 때, 일인칭 표현이 성립한다는 것은 주관화가 덜 진행된 것으로 볼 수 있어서, 일인칭 표현이 성립하는 (10ㄱ)이 성립하지 않는 (10ㄴ)보다 주관화가 덜 진행되었다고 볼 수 있다.

나아가서 (10)의 예문에 일인칭 대이름씨가 탄도체 자리에 오면 둘 다 비문이다.

(11) ㄱ. [*]<u>내가</u>, 부산이 시야로 들어왔다.

ㄴ. [*]<u>내가</u>, 부산이 다가오고 있다.

(11)로 볼 때 일인칭 대이름씨가 성립되지 않는 것은 주관화가 많이 진행된 것으로 볼 수 있다. 따라서 일인칭 대이름씨는 일인칭 표현보다 더 주관화된 표현에는 올 수 없다고 본다. 그리고 지표 이동 표현에서 두 표현 모두 탄도체 없이 지표만으로 표현이 이루어진다는 것은 객체가 윤곽화됨으로써 탄도체는 배경화된다. 이에 따라 개념 화자의 관점이 사태 속으로 들어감으로써 개념 화자가 무대 밖에서 모두 무대 위로 들어감으로 주관화가 진행된다[7].

다음은 지표 이동인 두 표현의 차이점을 더 구체적으로 찾아보기로 한다. 예문 (7)에서 '부산이 시야 안으로 들어온다'고 '시야'로써 표현한 것은 개념 화자가 자기의 관점을 유지하고 그 시점에서 사태를 관찰한다고 볼 수 있다. 또 앞에서 논의된 일인칭 표현은 가능하지만, 일인칭 대이름씨는 비문이라는 것은 약화된 탄도체의 입장에서 보면, 탄도체의 관점이 조금 남아 있어서 완전히 없어진 것으로는 보이지 않는다. 따라서 개념 화자가 사태 속에 들어가더라도 윤곽 부분이 아니라 주변부에 남아 있는 양상으로서, 개념화의 내용 전체를 포함하는 최대 범위(MS)에 있음을 추론할 수 있다.

이것에 대해서 (8)는 '부산이 다가오고 있다'는 탄도체 자리에 일인칭 표현이 오면 어색하고, 또 일인칭 대이름씨가 오면 비문이라는 것은 개념 화자의 관점이 가장 강하기 때문으로 볼 수 있다. 따라서 (8)은 (7)에 비해서 개념 화자의 관점이 가장 강화되어서 탄도체는

---

7 이성하(1998:153)에서도 '주관화'란 '명제 혹은 외연 위주의 의미에 말할이가 자신의 관점을 투사함으로써 점점 주관적인 의미로 변하는 과정을 가리키는 것이다.'라고 설명한다.

무대 밖으로 완전히 나간 것으로 해석된다. 그러므로 (8)은 개념 화자가 사태 속으로 들어가서, 개념화의 내용 전체를 포함한 것 중에서 윤곽을 특징짓는 데 가장 관련성이 크고 두드러진 직접 범위(IS)의 안으로 완전히 들어간 것으로 파악된다. 따라서 이 표현이 이동 표현 가운데서는 가장 주관적인 표현으로 해석된다. 지금까지 논의된 지표 이동을 〈지표 이동 1〉, 〈지표 이동 2〉라고 부르고, 이를 최대 범위와 직접 범위에 초점을 맞추어서 주관화 과정을 그림으로 나타내면 다음과 같다.

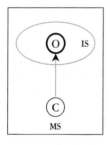

〈그림 7〉 지표 이동1

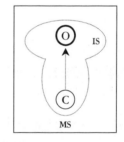

〈그림 8〉 지표 이동2

〈그림 7〉 지표 이동1은 개념 화자가 사태 속으로 들어가서, 최대 범위에서 사태를 파악하는 것을 나타낸 그림이고, 〈그림 8〉 지표 이동2는 개념 화자가 사태 속으로 들어가서, 직접 범위에 들어가서 사태를 파악하는 것을 나타낸 것으로서, 주관화는 〈그림 7〉에서 〈그림 8〉로 진행된다.

다음은 (7)처럼 〈지표 이동1〉로서, 개념 화자가 무대 안에 들어가서 자기의 장소에서 사태를 파악하는 것에 해당하는데, 다른 보기들을 들면 다음과 같다.

    (7)' ㄱ. 항구가 시야에서 천천히 멀어졌다.

        ㄴ. 섬이 시야에서 이미 사라졌다.

  이 표현도 모두 실제 이동체(탄도체) 없이 지표인 '항구', '섬'이 윤곽화되었지만, 개념 화자는 자기의 장소와 관점을 유지하고 있다고 볼 수 있다. 다만 (7)'가 (7)과 다른 점은 (7)는 지표가 개념 화자에게로 가까이 오는 표현이라면, (7)'는 지표가 개념 화자에게서 멀어지는 표현이라는 점이다.

  다음은 지표가 실현되는 이동 표현이 아니라, 어떤 사태를 일으키는 주체로서 드러나는 표현도 있다.

    (12) ㄱ. 작년에 본 귀신이 다시 나타났다.

        ㄴ. 전염병이 돌아다닌다.

  (12)에서 '귀신'이나 '전염병'이 앞의 '항구'나 '섬'과 다른 점은 어떤 능동성을 띠고 있다는 점이다. 이 표현도 개념 화자를 넣어서 해석한다면, 개념 화자와 탄도체가 일치하여 일인칭 표현으로 해석이 가능하다.

    (13) ㄱ. 나의 생각에, 작년에 본 귀신이 다시 나타났다.

        ㄴ. 나의 판단에, 전염병이 돌아다닌다.

따라서 (13)의 주체인 '귀신', '전염병'은 능동성은 있으나, 의지가 있는 것으로 보기 어려우므로 탄도체로 보기 어렵다. 그래서 이 표현은 탄도체 이동과 지표 이동의 중간쯤의 존재로 볼 수 있다.

지금까지 이동과 관련된 표현을 대상으로 해서 논의된 개념 화자와 사태와의 관계를 정리하면, 다음과 같이 네 가지로 정리할 수 있다.

〈탄도체 이동1〉 개념 화자는 사태의 밖에서, 자신이 참여하지 않은 사태를 파악한다.

〈탄도체 이동2〉 개념 화자는 사태의 밖에서, 자신이 참여자가가 되는 사태를 파악한다.

〈지표 이동1〉 개념 화자는 사태에 들어가서, 무대의 장소를 유지한 채로 최대 범위에서 사태를 파악한다.

〈지표 이동2〉 개념 화자는 사태에 들어가서, 무대의 직접 범위에서 사태를 파악한다.

위 네 표현 가운데 주관성의 정도로 보면, 〈탄도체 이동1〉이 가장 객관적 이동을 나타낸다면 〈탄도체 이동2〉에서 〈지표 이동2〉로 갈수록 커진다. 따라서 주관화가 가장 많이 반영된 표현은 〈지표 이동2〉이다.

이동 표현은 탄도체 이동에서 지표 이동으로 네 단계의 주관화가 진행되는데, 이에 따라서 개념 화자의 관점도 강화되는 것으로 나타난다.

3.2.2. 개념 화자의 역할 강화로 본 의미 해석

본래 임자말인 탄도체는 어떤 행위(지표)를 행하는 욕구, 능력, 지식, 힘, 강요 등의 물리적인 힘의 동력을 갖는데 이들을 '잠재력(potency)'이라고 하고, 이 잠재력을 가진 자를 '잠재력의 근원(the source of the potency)'이라고 한다. 또 이 잠재력을 받아서 어떤 행위를 하는 대상을 '잠재력의 목표(the target of the potency)'라고 부른다. 이 관점에서 보면 탄도체는 잠재력을 가지고 있어서 잠재력의 근원이고, 잠재력의 목표이기도 하다.

이 장에서는 '-겠-'이라는 형태소가 오는 표현을 대상으로 해서 이 언어 형식이 실현되는 월의 임자말이면서 탄도체가 가진 잠재력이 약화됨으로써 주관화가 일어나는 표현에 대해서 살피기로 한다.

본래 형태소 '-겠-'의 원형적 뜻은 '미래'라는 때매김(tense) 용법으로 볼 수 있다.

(14) ㄱ. 그들이 내일은 학교에 가겠다.

ㄴ. 우리가 내일은 학교에 가겠다.

(14)의 탄도체는 임자말로 대표되는 '우리', '그들'로서 잠재력의 근원이다. 이 표현은 어떤 사태가 아직 일어나지 않았음을 객관적으로 표현하고 있다. 곧 잠재력의 근원과 잠재력의 목표가 동일하다.

그런데 '-겠-'이 취하는 임자말인 탄도체가 때매김에서 의무적인 뜻으로 문법화가 일어난다.

(15) ㄱ. 우리는 이 일을 꼭 해 내겠습니다.

　　ㄴ. 나는 이 일을 꼭 해 내겠다.

(15)에서 일인칭 대이름씨인 '우리', '나'는 자신의 의지를 표출하고 있으므로, 이를 의무적(obligatory) 용법이라고 한다. 이 표현은 앞의 시간적인 표현 (14)에 비해서 객관적인 사태에 관한 표현이라기보다는 말할이의 주관적인 내용인 '의지'를 담고 있다. 이것은 본래 탄도체가 갖고 있던 미래라는 시간에 대한 객관적인 태도가 약화됨을 뜻한다. 대신에 잠재력의 근원이 개념 화자로 전이가 일어남으로써, 무대 위의 탄도체는 무대 밖의 참여자로, 비특정적에서 특칭인 일인칭 대이름씨로 변화함으로써 주관화가 실현된 것으로 볼 수 있다. 이에 따라서 개념 화자는 사태 속으로 들어가서, 무대 위에서 사태를 주관적으로 파악하게 된다. 그런데 이 표현들에서 주관화가 일어난다고 해도 탄도체의 관점이 완전히 약화되지 않고 아직은 조금 남아 있는 것으로 보인다. 왜냐하면 (15)처럼 일인칭 대이름씨 '나'로 실현될 수 있기 때문이다. 이 경우 '나'는 개념 화자이기도 해서 개념 화자가 사태 속으로 들어가기는 하지만 무대 위 주변부에 서서 자기의 장소를 지키고 있는 것으로서, 범위 가운데서도 최대 범위(MS)에 있는 것으로 파악된다. 이 때 장소는 추상적인 장소를 뜻한다.

또한 의지의 표현에서 '-겠-'은 비특정적인 삼인칭이 잠재력의 근원이 되는 경우도 있다.

(16) ㄱ. 앞으로 보상을 좀 더 철저히 하겠습니다.

ㄴ. 투명한 정치를 하겠습니다.

(16)도 사회 단체나 국가가 잠재력의 근원이므로 다음과 같이 의무적인 용법으로 해석이 가능하다.

(17) ㄱ. 앞으로 <u>국가나 회사가</u> 보상을 좀 더 철저히 하겠습니다.

ㄴ. <u>우리 정당이</u> 투명한 정치를 하겠습니다.

(17)을 (14)로 복원해 보았을 때, 주체 자리에 '국가, 회사, 정당'이 오고, 이들은 탄도체이기는 하지만 언어화되지 않음으로써, (16)의 탄도체는 무대 안에서 밖으로 나감으로써 탄도체의 역할이 약화된 표현이다. 그런데 (17)에서 탄도체인 '국가, 회사, 정당'이 오더라도, 특정적인 존재인 일인칭 표현 '나', '우리'보다는 의지가 덜 드러난다.

다음으로 이 '-겠-'은 추측의 뜻으로 확대되기도 한다. 그리고 이 표현이 앞의 때매김이나 의무 용법과 다른 점은 지표가 주체의 역할을 한다는 점이다.

(18) ㄱ. 그 일은 잘 되겠다.

ㄴ. 저 나무가 바람에 부러지겠다.

(18)는 주체인 '일'이나 '나무'의 어떠함을 보고 개념 화자가 어떤

사태를 추측하는 양태(modality) 표현이다. 그러므로 개념 화자가 탄도체일 때는 다음과 같이 일인칭 표현으로 해석이 가능하다.

> (19) ㄱ. <u>나의 판단으로는,</u> 그 일은 잘 되겠다.
>
>   ㄴ. <u>내 추측으로는,</u> 저 나무가 바람에 부러지겠다.

(19)로 볼 때, 어떤 사태에 대해서 개념 화자가 행하는 '심적 추측(mental extrapolation)'이므로, 이를 인식적(epistemic) 용법이라고 한다. (19)로 볼 때 탄도체인 '나'가 어떤 사태를 추측할 때 기준이 되는 '일', '나무'는 지표에 해당한다. 그래서 (19)에서 일인칭 표현으로 실현된 '나'는 개념 화자이면서 동시에 탄도체로서 잠재력을 갖는다. 그런데 (19)의 표현은 개념 화자와 탄도체라는 두 역할 가운데 탄도체가 표현되지 않음으로써 탄도체의 역할은 약화되어 없어지고, 상대적으로 개념 화자의 역할이 강화된 표현으로 볼 수 있다. 그에 따라 개념 화자가 무대 밖에서 무대 위로 들어감으로써 사태를 주관적으로 파악하게 된다.

그런데 (19)의 표현도 일인칭 대이름씨가 오면 비문이다.

> (20) ㄱ. *<u>내가,</u> 그 일은 잘 되겠다.
>
>   ㄴ. *<u>내가,</u> 저 나무가 바람에 부러지겠다.

위 표현이 개념 화자의 추측이라고 하더라도 일인칭 대이름씨가 오면 성립되지 않음을 알 수 있다. 이것은 탄도체의 역할은 약화되

면서 무대 밖으로 완전히 나가고, 대신에 개념 화자의 역할이 강화
됨으로써 일인칭 대이름씨와는 중복되기 때문으로 보인다. (20)에
나타난 것처럼 일인칭 대이름씨가 성립되지 않는다는 것은, 이 표현
에서는 탄도체의 역할은 완전히 없어지고, 개념 화자의 관점이 강화
됨으로써 주관화가 진행되었기 때문이다. 따라서 인식적 용법의 근
원은 개념 화자이고, 개념 화자는 무대 위의 직접 범위(IS)에 들어가
서 사태를 주관적으로 관찰하는 것으로 해석된다[8]. 지금까지 논의
로 볼 때, 추측 용법은 지표가 주체이고, 일인칭 대이름씨가 올 수
없다는 점은 '-겠-'의 용법 가운데 가장 주관적인 표현으로 추정할
수 있다.

　다음 겸손의 표현도 개념 화자가 하는 심적 판단에 따른 표현이기
는 하지만, 선택적 용법이라는 점에서 앞의 추측 용법과 다르다. 이
표현은 '-겠-'이 실현될 경우 탄도체가 나타나지 않을 때가 자연스
럽다.

　　　(21) ㄱ. 오늘은 그만 마칩니다.

　　　　　ㄴ. 오늘은 그만 마치겠습니다.

(21)은 방송 프로그램을 마칠 때 하는 사회자들이 하는 인사말이

8　주관화는 주체의 해석의 측면이 문제이다. 최적 관찰법(optimal viewing arrangement),
　자기 중심 관찰법(egocentric viewing arrangement)인데, '주관화'는 이 두 가지 관
　점의 차이를 고려한 객관적 파악과 주관적 파악의 차이를 찾아볼 수 있다. '한국어'
　나 '일본어'처럼 자기 중심 관점 배열이 두드러진 표현일수록 주체가 언어화되지
　않는 특징이 있다.

다. 이 때 (21ㄱ)보다는 (21ㄴ)이 더 겸손한 표현으로 볼 수 있는데, 그것은 '-겠-'이 들어갔기 때문이다. 후자처럼 겸양의 의미를 띨 때, 탄도체가 실현되지 않음으로써 탄도체가 약화된 표현으로 볼 수 있다. 그래서 이 표현들에서 탄도체 자리에 일인칭 대이름씨인 '나', '우리'가 들어간다면 오히려 어색하다.

(22) ㄱ.[?]오늘은 <u>내가</u> 그만 마치겠습니다.

ㄴ.[?]오늘은 <u>우리가</u> 그만 마치겠습니다.

(22)가 어색한 이유는 탄도체 '나', '우리'가 나타났기 때문인데, 본래 관습적으로 탄도체의 역할이 약화됨으로써 탄도체가 무대 위에서 무대 밖으로 나가서 표현되지 않는 경향이 있다. 그런데 (22)는 어색하기는 하지만, 비문은 아니다. 이로 볼 때 겸양 표현은 관습적으로 탄도체가 나타나지 않음으로써 개념 화자의 관점이 강화되기는 했지만, 추측 용법처럼 주관화가 완전히 일어난 것으로 보기는 어렵다. 그래서 (22) 겸양 용법은 추측 용법보다 주관화가 약간 덜 진행이 된 것으로 보이지만, 관습적으로 일인칭 대이름씨를 쓰지 않는다는 점에서는 추측 용법과 일치한다.

지금까지 논의된 형태소 '-겠-'이 오는 표현의 주관화를 때매김 용법, 의무 용법, 추측 용법, 겸양 용법으로 나누어서 살펴보았는데, 이를 '최대 범위'와 '직접 범위'의 차이점을 중심으로 앞에 나온 그림을 활용하여 제시하면 다음과 같다.

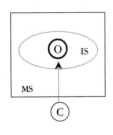
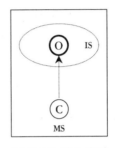
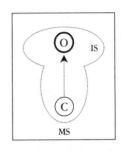

〈그림 9〉 때매김 용법   〈그림 10〉 의무 용법   〈그림 11〉 추측 용법
(겸양 용법)

〈그림 9〉 때매김 용법은 개념 화자가 사태 밖에서, 무대 안을 객관적으로 파악하는 그림이고, 〈그림 10〉 의무 용법은 개념 화자가 사태 안에서, 최대 범위에서 사태를 파악하는 것을 나타낸 그림이라면, 〈그림 11〉 추측 용법(겸양 용법)은 개념 화자가 사태 안에서, 직접 범위에 들어가서 사태를 파악하는 것을 나타낸 것이다.

지금까지 '-겠-'이 오는 표현에서 탄도체가 사태가 일어나는 무대 위에서 무대 밖으로 나옴으로써 그 역할이 약화되고, 대신에 개념 화자가 무대 위로 들어감으로써 주관성이 강화되는 주관화에 대해서 살펴보았다. 때매김 용법이 가장 객관적인 표현이라면, 의무 용법은 최대 범위, 추측 용법(겸양 용법)은 직접 범위에 있는 것으로 추정할 수 있다. 따라서 이런 세 단계로 주관화가 진행된 것으로 추론할 수 있다.

지금까지 논의된 것을 정리하면 다음과 같다.

주관화는 개념 화자가 어떤 사태를 심적으로 파악하는 방식이며,

또한 어떤 사태를 비교의 관점에서 과정적으로 또는 누적적으로 파악할 때 관여하는 기제이며, 탄도체가 약화될 때 관여하는 인지 기제로 나타났다.

그리고 언어 표현에서 실제적으로 주관적으로 해석되는 보기들을 '이동 표현을 대상으로 하여 개념 화자와 범위의 위치 관계로 본 의미 해석'과 '형태소 '-겠-'을 대상으로 하여 의미 해석'을 시도해 보았다.

⟨1⟩ 주관화의 과정에 공통으로 나타나는 특성

① 무대 모형에 따르면, 탄도체의 역할이 약화된다는 것은 탄도체가 무대 위에서 밖으로 나가는 것을 뜻한다. 따라서 탄도체의 역할이 약화될수록 개념 화자의 역할이 강화됨으로써 주관화가 실현된다.

② 주관성의 정도성은 개념 화자가 무대 위의 최대 범위에서 직접 범위에 들어갈수록 강화된다.

③ 주관화가 진행될수록 탄도체 자리에 일인칭 표현이나 일인칭 대이름씨가 오는 것이 어색한 것으로 나타난다. 일인칭은 개념 화자를 가리키므로 주관적 표현과 중복되기 때문으로 보인다.

④ 주관화가 진행될수록 탄도체가 아니라 지표가 주체 자리에 나타난다.

⟨2⟩ 주관화의 과정에 개별적으로 나타나는 특성

① 이동 표현의 경우 주관화의 특성은 탄도체 이동에서 지표 이동으

97

로 전이됨으로써 주관화가 진행된다. 또한 이동의 방향이 탄도체
에서 지표로 움직이던 것이, 반대로 지표에서 탄도체로 이동하는
것으로 파악된다.

② 형태소 '-겠-'을 통한 주관화의 특성은 탄도체가 점차로 약화됨
으로써, 지표만으로 실현된다.

③ 이동 표현은 주관화의 정도성이 네 단계로, '-겠-'을 통한 주관화
의 정도성은 세 단계 정도로 추정할 수 있다.

따라서 '주관화'를 정의한다면, '탄도체'의 역할은 점차로 약화되
어 지표만으로 언어화되는 현상으로서, 탄도체가 사태의 무대 안에
서 무대 밖으로 나오는 대신에 반대로 개념 화자는 사태 속으로 들
어가서 최대 범위에서 직접 범위로 갈수록 주관화는 진행되며, 이렇
게 주관적으로 무대 위의 사태를 파악하는 심적 경로, 또는 인지 과
정을 뜻한다.

주관화는 의미를 파악하기 위한 기제로서, 언어 형식의 의미를
찾기 위해서는 심리적, 주관적인 해석 방법도 필요함을 밝히려고 했
다. 또한 주관화는 화용론적 추론과 문법화에도 관여하는 기제로서
언어 연구에 폭넓게 적용할 수 있을 것이다.

제4장

시간 지시사의 인지론적 해석

일반적으로 지시사는 '이', '그', '저'를 말한다. 이들은 지시와 대용의 기능을 갖는다. 지시사 '이', '그', '저'를 선택하는 원리는 원근 개념에 의해서 설명이 가능한데, 말하는 이와 듣는 이와의 '인식 작용에 의한 거리감'이나 '주관적 판단에 의한 거리감' 또는 '감정적인 거리감'에 의한 것으로 보고 있다.

시간 지시사 '이때', '그때', '접때'는 지시사와 마찬가지로 지시성을 갖는다는 특성이 있지만, 시간 개념을 띤다는 점에서 지시사와는 다르다. 그런데 지금까지의 연구는 지시사 '이', '그', '저'에 나타나는 지시성과 대용성에 관한 연구가 주류를 이루어 왔고, 시간 지시사를 별도로 연구한 사례는 찾기 어렵다. 그래서 이 글에서는 '이때, 그때, 접때'를 대상으로 하여 '이', '그', '저'와는 다른 관점에서 특성을 찾아보고자 한다.

    (1)   ㄱ. 이때가 좋을 때다.

           ㄴ. 그때가 좋을 때다.

  (1)에서 '이때', '그때'가 모두 올 수 있는데, 이들의 선택 원리는 말하는 이가 판단하는 주관적, 심리적인 거리감에 의한다. 이 경우 '거리감'이란 발화시와 사건시 사이의 거리감이다. 우리가 이 추상적인 시간적 거리감을 구체적인 거리감으로 바꾸어 인지한다면, [시간은 공간이다.]라는 은유가 성립한다. 또한 (1ㄱ)의 경우는 말하는 이와 듣는 이가 같은 영역에 있다고 볼 수 있으나, (1ㄴ)은 말하는 이가 듣는 이와 떨어져 있어서, 말하는 이가 듣는 이의 영역으로 관점을 옮긴 발화라고 볼 수 있다. 이처럼 말하는 이가 시선 이동을 통해서 듣는 이의 영역 안으로 들어간다면 이는 그릇 도식으로 도식화할 수 있다. 이 영상 도식은 비유의 확장으로 볼 수 있는데, 이 경우 관여하는 비유법은 은유를 들 수 있다.

  이 글에서는 시간 지시사의 뜻을 밝히기 위해서 시간적 거리감이란 무엇이며, 시간 지시사에는 어떤 비유가 관여하는가, 말하는 이의 관점은 어떻게 작용하는가 따위에 초점을 맞추어서 살피기로 한다. 이러한 접근법은 우리의 인지 구조를 밝히기 위한 것으로서, 사람 중심의 인지론적 방법에 해당한다.

4.1. 지시사의 특징

지시사 '이', '그', '저'의 지시 의미는 많은 연구에서 원근 개념으로 풀이하였다. 이러한 공간적 거리감을 '사람의 인식 작용에 의한 거리감'으로 풀이한 것으로 장경희(1980), 박영환(1989), '주관적 판단에 의한 거리감'이라고 보는 경우는 김일웅(1982), 홍순성(1986), '감정적 거리'로 해석한 연구로는 송병학(1983 : 30), 김진수(1985) 따위를 들 수 있다[1].

이 장에서는 R. Lakoff(1974 : 345-356)이 분류한 것에 따라서 지시사를 공간 직시 용법(space deictic use), 담화 직시 용법(discourse deictic use), 감정 직시 용법(emotional deictic use)으로 나누어서 한국어에 나타나는 지시사의 특성을 살핀 다음, 이 글에서 시도하고자 하는 인지론적 방법론을 제시하고자 한다.

첫째, 지시사의 공간 직시 용법을 들 수 있는데, 지시사의 지시(reference)는 언어 기호로서 어떤 대상을 가리키는 것을 말한다. 표현이 지시하는 대상을 그 표현의 '지시 대상(object)' 또는 '지시체(referent)'라고 부른다. '지시'는 언어 표현의 초기 단계에 나타나는 것으로서, 지시를 통해 언어 표현과 지시 대상이 맺어지게 되므로 지시는 언어 표현과 지시체 사이의 본뜨기 관계(mapping relation)로 볼 수도 있다.

사람이 무엇을 가리키면서 말할 때 가장 쉬운 방법은 그 대상을

---

1 대용어에 관한 연구로는 신지연(1998) 지시용언 연구, 양명희(1998), 김미형(1994), 주경희(1992)에서는 대이름씨의 분류와 특성에 대한 연구를 들 수 있다.

가리키며 말하는 것이다. 담화 맥락에 나온 대상을 직접 가리키는 것을 직시적 지시(deictic reference) 또는 줄여서 직시(deixis)라고 부르는데, '나', '여기', '지금'과 같이 상황을 직접적으로 가리키는 언어적 표현을 직시적 표현(deictic expression)이라고 한다[2].

직시 용법 가운데 공간 직시 용법은 말하는 이가 말을 하는 공간에 위치한 대상을 '이', '그', '저'로 직접 가리키며 표현하는 것을 말한다. 보통의 경우 말하는 이에서 가까운 곳에 있는 대상은 '이'로, 듣는 이에게서 가까우면 '그', 말하는 이, 듣는 이에게서 다 멀면 '저'로 나타낸다. 그래서 전통적으로 '근칭', '중칭', '원칭'이라고 부른다[3].

우리말에서 '이, 그, 저'는 '지시'뿐만 아니라 '대용'의 기능도 갖는다. '지시'는 발화 현장에서 어떤 대상을 직접 가리키는 것으로 화용상의 특성이고, 대용은 담화 속에서 앞선 문맥에서 이미 언급한 말을 가리키는 것으로 통사상의 특성에 해당한다.

지시사 가운데 '저'는 대화하는 사람에게 보일 만큼 비교적 가까

---

2 직시(直示)는 영어로 'deixis'라고 하는데, 이 말의 어원은 '가리키다' 또는 '보여주다'라는 뜻의 그리스어 'deiknynai'에서 비롯된 것이다. 임지룡·김동환 옮김 (2002 : 529-568)에 따르면 직시에는 인칭 직시(person deixis), 공간 직시(space deixis), 시간 직시(time deixis), 사회 직시(social deixis), 담화 직시(discourse deixis) 들이 있다.

3 Niimura & Hayashi(1996)는 지시 표현의 선택과 관련하여 영어와 일본어의 차이점을 근접도와 집중도의 개념으로 설명한다. 즉 일본어는 화자로부터 얼마나 떨어져 있느냐에 따라 ko-(this), so-(it), a-(that)의 형태가 순서적으로 결정되는 반면, 영어의 경우는 this, that, it의 선택에 있어 화자로부터 얼마나 떨어져 있는지의 근접도보다 화자가 그 대상에 대해 얼마나 초점을 맞추는지의 집중도가 더 중요한 역할을 한다고 본다(이성범 2002 : 170).

운 거리에 있는 사람이나 사물을 가리킬 때 쓰는 공간 직시의 기능
을 갖는다.

(2) ㄱ. 아름다워. 난 저처럼 아름다운 모습을 본 적이 없어.

ㄴ. 에구머니, 저를 어째.

(2)에서 '저'는 말하는 이와의 거리와는 상관없이 눈앞에 있는 사
태를 직접 보면서 발화한다는 특징을 들 수 있다.

그런데 '그'의 경우 말하는 이가 자신의 담화 속에 듣는 이를 끌고
들어와서 자신이 말하려는 것과 연관을 지을 경우, '그'를 선택한다
고 볼 수 있다. 이것을 '이'와 비교하면 다음과 같다.

(3) 나는 {*이/그} 노인을 찾아가 탁주라도 대접하며 진심으로 사과
해야겠다고 생각했다.

위의 '노인'은 말하는 이와 듣는 이가 모두 알고 있는 사람으로서
구정보(old information)이지만, 이 담화에서 '노인'이 현장에 없으므
로 개념상 공유하는 정보이다. 이 개념 대용(conceptual anaphora)도
개념상에서 직시가 일어나므로 넓은 의미에서 직시로 볼 수 있다[4].
그런데 (3)에서 '이'는 성립하지 않는데, '노인'이 현재 눈앞에 없기
때문이다.

---

4 김일웅(1982 : 15-35)에서도 지시사의 의미 기능을 '상황 지시'와 '문맥 지시'로 나
누고, 전자는 다시 '현장 지시'와 '개념 지시'로, 후자는 '조응 지시'로 나누고 있다.

둘째, 담화 직시는 담화에 포함된 말로써 담화 연속체의 부분을
가리키는 것이다.

(4) 이제는 참말이지 더 이상 땅값이 오를 수가 없게 돼 있다 이 말
씀입니다.

(5) 도시 문제의 해결은 사회 문제의 해결과 직결되어 있으며 이를
무시한 채 다른 것을 거론하는 것은 극히 피상적인 짓이다.

(4), (5)의 '이'는 앞의 내용을 가리키고 있다. (4)의 '이'는 '이러한'
의 뜻을 갖는 매김씨이고, (5)의 '이'는 대이름씨로서 '이것'을 줄여
서 쓴 것인데, 둘 다 앞 월을 대신한 월 대용(sentence anaphora)이다.
'그'는 뒤에 오는 내용을 대용하기도 한다.

(6) 그는, 그 걷잡을 수 없는 마음을 가라앉히기 위해서 들판을 방
황해야만 했던 것이다.

(6)에서 두 번째 '그'는 뒤에 오는 내용을 가리키는 후행 지시
(cataphora)로서, '그러한'의 뜻으로 쓰이는 매김씨이다.
또 '저'는 행동이나 이야기의 주체를 다시 되받아서 가리키기도
한다.

(7) 석구는 저도 눈물이 나올 것 같아 얼른 고개를 돌려 버렸다.

(7)의 '저'는 앞의 '석구'를 가리켜 되풀이하는 3인칭 재귀 대이름씨이다.

셋째, 감정 직시는 마치 그 대상이 눈앞에 보이는 듯 기술하면서 그 대상에 대한 말하는 이의 감정을 노출하는 특징이 있다.

(8) 사랑, {이/그/²저}는 우리의 활력소이다.

위 표현에서 '이'나 '그'는 올 수 있지만, '저'는 올 수 없다. 그런데 '이'를 쓰면 말하는 이가 대상인 '사랑'에 자기 개인의 감정을 실어서 표현하는 것이라면, '그'라고 하면 조금 더 객관화한 표현으로 볼 수 있다.

'그', '저'의 경우, 뒤에 나오는 말을 강조하는 기능이 있는데, 이 또한 감정 직시로 볼 수 있다.

(9) ㄱ. 이 지구촌 안에서 그 어떤 민족, 어느 나라도 동떨어져 홀로
        살 수는 없다.
     ㄴ. 저 잔인무도한 폭도들에게 학살당한 스물한 명의 원혼이
        구천에서 울고 있다.

(9)에서 '그', '저'는 '누구, 어디, 어떤' 등의 대이름씨나 매김씨를 강조하여 '바로 어느'의 뜻으로 쓰인다.

지시사의 기능은 이 밖에도 인지론적인 접근에 의한 용법을 들 수 있다. 지시 현상을 연구하는 많은 인지언어학적 계열의 학자들은 지

시 표현이 다양한데 말하는 이가 그 가운데 하나를 선택하는 것은 그 지시 대상이 듣는 이의 '주의 집중 상태'나 '기억'에 달려 있다고 본다.

Gundel, Hedberg & Zacharski(1993)는 지시 표현을 해석하는 데 필요한 '주의 집중의 상태', 또는 '알려진 상태'로서 '여섯 가지 인지 상태'를 설정하고 이들 사이의 관계 및 각각의 상태에서 사용될 수 있는 영어 표현들의 보기들을 나열하고 있다. 이 여섯 가지 인지적 상태는 상호 배타적인 것이 아니라 포함 관계에 있다고 본다.

in focus 〉 activated 〉 familiar 〉 uniquely identifiable 〉 referential 〉 type identifiable

위의 서열에서 '〉'는 함의 관계를 나타내는데, 'in focus'는 'activated' 라는 인지적 상태를 비롯하여 자기보다 오른쪽의 모든 인지적 상태 를 함의하지만, 반대는 성립하지 않는다고 본다(이성범 2005 : 157-173).

또 M. Ariel(1996 : 13-36)도 인지적 접근을 시도하는데, 듣는 이가 지시 표현을 듣고 그것을 자신의 기억에서 찾아낼 때까지 걸리는 시 간인 도달 가능성(accessibility)은 지시 표현마다 다르다고 한다. 그 녀가 제시하는 도달 가능성 표시 등급(Accessibility Marking Scale)은 다음과 같다.

영형 〈 재귀대이름씨 〈 비강세 대이름씨 〈 강세대이름씨 〈 제스츄어를 동반한 강세 대이름씨 〈 근칭 지시사(+이름씨) 〈 원칭 지시사(+이름씨) 〈 근칭 지시사(+이름씨) + 수식어 〈 원칭 지시사(+이름씨) + 수식어 〈 짧은 한정 기술 〈 긴 한정 기술 〈 full name 〈 full name + 수식어

오른쪽의 형태로 갈수록 기억하는 데 시간이 오래 걸린다고 한다. 위의 두 가지 논의는 지시사의 기능을 '주의 집중 상태'와 '기억'으로써 설명하고자 한 인지론적 접근법이다.

4.2. 시간 지시사의 인지론적 해석

지시사 '이', '그', '저'가 '때'와 결합하여 '이때', '그때', '접때'의 합성이름씨가 되는데, 이들을 '시간 지시사'라고 부르기로 한다[5] 시간 표현도 일정 지점을 가리키는 표현이 있는가 하면, 시간을 이동물로 보고 움직이는 존재로 보기도 한다. 시간 개념을 이런 공간론적인 관점에서, 일정 공간에 머문 시간과 출발점에서 도달점으로 움직이는 이동물로 보는 두 가지 관점으로 나눌 수 있다. 이에 따라서 전자를 존재론적 해석, 후자를 이동론적 해석이라 부른다. 존재론적인 경우는 '이때', '그때', '접때'가 단독으로 쓰이거나 토씨 '가', '에' 따위가 오는 것이고, 이동론적인 경우는 출발격 토씨 '부터', 도달격

---

5 시간 표현은 어휘적, 굴곡적, 통사적 방법으로 실현된다. '이때, 그때, 접때'는 시간 이름씨로서, 어휘적 방법으로 실현되는 시간 표현이다.

토씨 -까지'가 오는 경우가 이에 해당한다.

4.2.1. 시간 지시사의 존재론적 해석

언어 표현은 복잡한 양상을 보이므로 어떤 하나의 기준만으로는 설명하기 어렵다. 따라서 이 글에서는 시간 지시어도 몇 가지 기준이 적용되어야 한다고 보고, 크게 세 가지 기준을 제시하고자 한다.

첫째, 시간 지시사를 어떤 구조로 인지하느냐 하는 것을 설명할 수 있어야 할 것이다. 말하는 이가 발화하는 시점을 기준으로 해서 '이때'는 현재, '그때', '접때'는 주로 과거라고 말한다. 그런데 이 '시간 개념'은 추상적인 지시체를 인지하는 공간적인 거리감과의 유사성(similarity)에서 설명이 가능하다. 곧 시간 개념을 공간 개념으로 바꾸어 인지해서 [시간은 공간이다.]라는 은유로 받아들인다고 볼 수 있다.[6]

---

6 W. Chafe에 의하면 '모든 의식(consciousness)의 경험에는 초점과 주변이 있고, 짧은 토막토막이 부단하게 이어져나가면서 각 초점이 다음 초점으로 신속히 바뀐다. 그리고 의식마다 관점이 있고 상황이 있다. 이러한 일관적 속성에 더하여, 의식의 경험에 따라 모든 의식 경험에서 공통으로 찾아볼 수 있는 불변 속성(constant properties)과 또 하나는 의식 경험의 종류에 따라서 차이가 나는 가변 속성(variable properties)이 있다'고 본다. 불변 속성의 특성을 들면 다음과 같다. ① 의식에는 초점이 있다. ② 주변(peripheral) 의식 속에 초점이 묻혀 있다. ③ 의식은 동적(dynamic)이다. ④ 의식에는 관점(a point of view)이 있다. ⑤ 의식에는 방향성(orientation)이 있다. 또 의식의 가변 속성은 다음과 같다. ① 의식 경험의 내용은 다양하다. ② 의식 경험은 현장의 경험일 수도 있고 탈현장 경험일 수도 있다. ③ 의식 경험은 사실일 수도 있고 가상적일 수도 있다. ④ 의식 경험은 어느 정도 관심에 좌우된다. ⑤ 의식 경험은 말로 표현되기도 하고 그렇지 않을 수도 있다(김병원·성기철 옮김 2006 : 36-39). 이 가운데 '불변 속성'은 시간 개념을 이해하는 데 직접적으로 적용할 수 있을 것이다.

어떤 언어의 경우든지 말은 변하기 마련이어서, 뜻이 확대되기도 하고, 꼴도 조금씩 변화하기도 한다. 이것은 원형적 범주에서 새로운 범주로의 전이가 일어나는 것으로서, 전자가 구체적이고 명확한 개념이라면, 후자는 전자에 비해서 상대적으로 추상적이고 일반적인 개념이다. 이를 각각 근원 영역(Source domain), 목표 영역(Target domain)이라고 부르면, 전이는 근원 영역에서 목표 영역으로 확대되는 것이고 이러한 전이를 은유 확장 가설(Metaphorical extension hypothesis)이라고 부른다. 이러한 은유 확장은 개념적 경계를 가로지르는 추론을 통해서 가능하다. 추론은 '본뜨기(mapping)'에 의해서 성립되는데, 이것은 한 영역에서 다른 영역으로의 연상적 도약(Associative leap)이 일어나는 것이다. 그래서 구체적인 개념이 상대적으로 추상적인 개념으로 본뜨기가 일어나는데 이를 '영상 도식(image schema)'이라고 한다. 이 경우 근원 영역에 있는 모든 의미들이 목표 영역으로 전이되는 것이 아니라 영상 도식만이 전이된다[7].

둘째, '시간'과 관련된 개념으로서는 말하는 이가 하는 발화시(speech time)가 있고, 그 발화시와 관련한 사건이 일어나거나 어떤 상황을 전제로 할 수 있는데 그것을 사건시(event time)라고 부른다. 시간 지시사의 경우, 이들이 선택되는 원리는 일차적으로 발화시와 사건시의 거리감에서 비롯된다고 볼 수 있다. 그런데 지시사 '이', '그', '저'의 경우 말하는 이와 듣는 이의 원근 개념에서 선택된다면

---

7 인지언어학에서 도식 이론을 원용하는 것은 도식이 원초적인 경험에 기초해서 언어 체계나 언어 구조의 기저에 있는 것이 명확하기 때문이다. 영상 도식은 지각과 운동의 패턴이 반복적으로 일어나서 그 경험을 통해서 그것이 추상화되어 형성된 전언어적인 표상을 말한다.

이것은 '사람 지향적인(person-oriented)' 체계에 가깝지만, 시간 지시사가 발화시와 사건시의 거리감에서 비롯된다면 이것은 '거리 지향적인(distance-oriented)' 체계에 가깝다. 그러나 발화시와 사건시의 거리감을 가깝거나 먼 것으로 판단을 하는 것은 말하는 것이므로, '사람 지향적인' 요소도 이차적으로 관여한다고 볼 수 있다.

셋째, 시간은 과거, 현재, 미래로 흘러가는 것으로 보고, 발화자는 서 있다고 보는 것이 일반적이다(time-ego). 이처럼 시간을 이동물이라고 볼 때, 이 시간의 흐름을 바라보는 말하는 이와 듣는 이가 있고, 또 이 시간이라는 흐름의 방향을 바라보는 시선인 관점(Perspective)이 고려되어야 한다. 관점은 시점(Empathy)과 매우 비슷한 개념이지만, 시점보다는 좀 더 구체적인 것인 것으로 '개념 화자가 서 있는 곳'이라고 정의하기로 한다(이수련 2006 : 276-277).

위의 세 기준을 시간 지시사에 적용해 보기로 하는데, 먼저 시간 지시사를 어떻게 인지하는가를 비유적인 용법으로 살피기로 한다. 이것은 시간과 공간의 유사성에서 관련성을 찾을 수 있다. 곧 '공간'은 근원 영역이고, '시간'은 목표 영역으로서, 우리는 '시간'이라는 추상적인 개념을 구체적인 공간 개념으로 인지한다고 볼 수 있다. 그래서 '이때', '그때', '접때'라는 시간말을 공간론적으로 빗대면 [시간은 공간이다.]라는 은유가 성립한다. 이 은유는 최상위 은유로서, 여러 개의 하위 개념으로 이루어 져 있다고 볼 수 있다. 왜냐하면 '공간(space)은 1차원, 2차원, 3차원을 포괄하는 개념이고, '위치(position)'는 공간의 일정 지점으로서 '점'이나 '평면'을 일컫는 개념이므로 '공간'은 '위치'의 상위개념에 해당하기 때문이다[8]. 따라서 이들이

일정 시점을 가리키는 존재론적 위치에 있는 경우 [시간은 위치다.]
라는 하위 은유가 성립한다. 이 은유는 중간 단계로서 기본 개념의
은유로 볼 수 있다. 이 중간 은유는 다시 하위 은유들로 이루어진다.
   '이때'는 '현재'로서 '말하는 이가 서 있는 장소'에서 발화가 이루
어지는 것을 말한다.

   (10) 그를 본 것은 이때가 처음이다.

   (10)의 '이때'는 '그를 본 것'이 발화시와 일치하므로 [이때는 이곳
이다.]라는 은유가 성립한다. 곧 현재란 말하는 이가 서 있는 영역을
포함하는 시간 영역을 말하는데, 이를 그릇 도식(container schema)
에서 보면 말하는 이는 시간이라는 일정 공간 안에 있는 것이고, 이
를 확대하면 그릇이라는 공간 안에 있다고 볼 수 있다. 곧 그릇 도식
은 시간의 경계를 [안/밖], [내부/외부]의 공간 개념으로 바꾼 것으
로서, [시간은 그릇이다.]라는 존재론적 은유에서 비롯된다. 이 그릇
도식은 시간 개념을 나타내는 시간 지시사에 모두 적용 가능할 것이
다.
   언어 표현은 대부분 말하는 이와 듣는 이를 전제로 한다.

   (11) 고3, 이때가 제일 중요하다.

---

8 이수련(2001 : 47-56)에서는 '공간 개념'을 '정지 개념'과 '이동 개념'으로 나누고,
  '정지 개념'은 '절대 공간개념(1차원 공간, 2차원 공간, 3차원 공간)', '상황 지시 공
  간 개념', '상대 공간 개념'으로, '이동 개념'은 '출발 이동 개념', '도달 이동 개념',
  '통과 이동 개념', '반복 이동 개념'으로 나눈 바가 있다.

(11)에서 말하는 이가 고3으로서 독백이라면 '이때'는 말하는 이에게만 해당하지만, 대부분의 언어 표현은 듣는 이를 전제로 한다. 후자의 경우 말하는 이만 고3인 경우는 물론 듣는 이만 고3인 경우에도, 말하는 이는 듣는 이도 자기 영역 안에 있다고 보고 '이때'를 선택한 것으로 볼 수 있다.

이와 비슷한 현상으로 '그때', '접때'가 모두 현재 때매김에 올 수도 있다.

(12) 고3, {그때/접때}가 제일 중요하다.

'그때'와 '접때'는 주로 '과거'와 관련되는데, (12)에서는 모두 현재 때매김과 공기한다. 이처럼 '현재'에 올 때는 일반 지시사와 같은 기준이 적용된다. 곧 말하는 이의 판단에 발화 내용의 시점이 듣는 이의 영역에 가깝다고 생각하면 '그때', 말하는 이와 듣는 이 모두에게 먼 영역이라고 생각하면 '접때'를 선택한다. 이런 기준은 '현재'의 경우에만 해당되는 것으로서 '사람 지향적인' 양상을 보인다.

또한 '이때'는 과거의 일인데도 이것을 현재처럼 발화할 때에 온다.

(13) 이때, 세종은 집현전 학자들을 불러 모은다.

위는 약 500년 전의 역사적인 일인데, 현재의 때매김으로 발화하는 것은 생동감을 불러일으키기 위한 전략으로서, 감정 직시의 일종이다. 이것을 달리 '역사적 현재 때매김(historical present)'이라고 한다(김병원·성기철 옮김 2006 : 287-291). 이 경우 말하는 이는 사건시의 영역으로 시선 이동이 일어난다고 볼 수 있어서, 실시간의 직시 효과(deictic quality of immediacy)를 가져 온다.

이에 대해서 '그때'와 '접때'는 모두 일반적으로 과거와 관련이 있다. '그때'는 '과거'로서 말하는 이가 서 있는 영역(그릇)의 밖에서 일어난 사태를 일컫는다. 이 경우 발화시와 사건시의 공간적인 거리감은 약간 먼 것으로서, 이 표현은 [그때는 그곳이다.]라는 은유가 성립한다.

(14) ㄱ. 그때 나는 다섯 살이었다.

ㄴ. 그때 그는 다섯 살이었다.

(14)에서 '다섯 살'이라는 사태는 말하는 이가 '자기 영역 밖'이라고 생각하는 경우이다. 따라서 '그때'에 일어난 사태는 과거로서 발화시와 사건시는 어느 정도의 공간적 거리감을 유지한다. 또한 말하는 이는 발화시의 관점에서 과거의 시간이 흘러오는 방향으로 서서 시간을 마주 바라보고 있는 모습이다. 그러므로 (14)의 발화는 주체가 이미 다섯 살 아님을 전제로 하므로, 그 당시의 사태가 지금은 단절된 양상을 보인다.

그런데 '그때'는 같은 과거의 사태를 말하더라도 정확한 시일을 전제로 한다는 점에서 '접때'와 차이가 난다.

(15) ㄱ. 내가 고3 때 그때, 힘들다고 말했잖아.

ㄴ. ??내가 고3 때 접때, 힘들다고 말했잖아.

(15ㄱ)의 '그때'는 고3이라는 일정 지점을 나타낸 것이지만 (15ㄴ)의 '접때'는 일정 지점 뒤에 오면 어색함을 보인다. 그런데 시간 지시사가 월 앞에 오면 둘 다 성립한다.

(16) ㄱ. 그때, 내가 고3 때 힘들다고 말했잖아.

ㄴ. 접때, 내가 고3 때 힘들다고 말했잖아.

(16ㄱ)은 '그때'가 고3임을 전제로 하지만, (16ㄴ)은 '접때'가 가리키는 시간과 고3이 일치할 때도 있지만 그렇지 않을 수도 있다. 일치하지 않을 경우 '접때'는 듣는 이의 주의를 환기시키는 기능을 갖는 것으로 보인다.

그런데 '그때'는 과거뿐만 아니라 미래를 뜻하기도 한다.

(17) ㄱ. 예서 : 우리 그럼 몇 시에 만나지?

ㄴ. 다운 : 저녁 6시 어때?

ㄷ. 예서 : 그럼 그때 보자.

(17ㄷ)에서 '그때'는 아직 오직 않은 시간을 말한다. 이 경우 발화자는 미래의 시간을 '나의 영역(그릇)의 밖'이라고 보고 '그때'를 선

택한 것이다. 이처럼 '그때'는 과거 또는 미래를 다 나타내는데, '그때'가 과거가 되는 경우는 말하는 이가 시간의 흐름을 마주 보고 서 있는 모습이고(mirror-image), 미래의 경우는 시간이 흐르는 방향과 같은 방향을 취하고 있다(in-tandem).

그런데 '아직 오지 않은 시간'은 '그때'만 가능하고 '접때'는 올 수 없다.

(18) ㄱ. 예서 : 우리 그럼 몇 시에 만나지?

ㄴ. 다운 : 저녁 6시 어때?

ㄷ. 예서 : *그럼 접때 보자.

(18)은 '접때'가 미래에 오지 못함을 보인다. '접때'는 '과거 어느 때'라는 뜻으로서, 정확한 시일을 뜻하는 것은 아니고, '며칠 된 과거의 때를 막연하게 이르는 말'이다.

(19) 접때 만났는데 신수가 좋더군.

(19)를 볼 때, '접때'는 그 영역(그릇)의 경계가 분명하지 않다. 따라서 같은 발화에 오더라도 '그때'가 '접때'보다 더 확실한 날짜를 전제로 하는 것으로 볼 수 있다.

(20) 네가 {그때/접때} 그렇게 말하지 않았니?

(20)에서 '그때'와 '접때'의 차이점이라면 '그때'는 과거의 일이지만 확실히 기억하고 일컫지만, '접때'는 사건의 시간에 대한 기억이 확실하지 않을 때 쓴다. 이것은 정확한 시각이 들어가면 더 분명하게 드러난다.

    (21) 난 불이 난 {그때/*접때}가 10시로 기억해.

(21)에서 '그때'는 성립하고 '접때'가 성립하지 않는 것은 '10시'라는 정확한 시각이 들어갔기 때문인 것으로 보인다.

그래서 '접때'는 '저번 때(에)'의 뜻도 갖는데, 이 경우 말하는 이는 현재에 서서 사건시를 막연히 바라보는 것으로서 [접때는 저곳이다.]라는 은유가 성립한다. '저곳'은 '그곳'보다 발화시와 사건시의 거리가 상대적으로 더 먼 거리를 뜻한다.

    (22) ㄱ. 접때, 그의 눈치가 이상한 게 뭔가 있는 것이 분명했다.
        ㄴ. 접때 네 결혼식에 갔어야 했는데…….

(22ㄱ)에서 '접때'가 이름씨, ㄴ은 어찌씨로 쓰이고 있다. 이 표현에서는 말하는 이는 '현재, 이곳'에 있다면, 사건시는 과거의 일로서 그 거리감은 상대적으로 꽤 멀다고 볼 수 있다.

지금까지 논의를 그림으로 나타내면 다음과 같다. 그림에서 '저곳'의 점선은 그릇의 경계가 분명하지 않음을 보인 것이다.

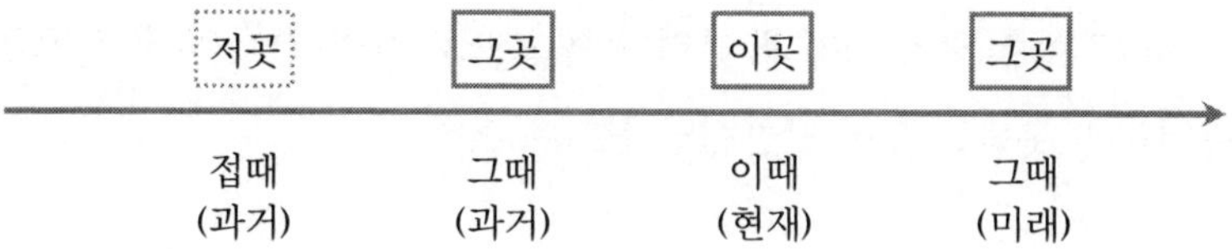

저곳	그곳	이곳	그곳

```
접때        그때        이때        그때
(과거)      (과거)      (현재)      (미래)
```

〈그림 1〉

4.2.2. 시간 지시사의 이동론적 해석

시간은 과거에서 현재, 미래로 흘러간다. 이것을 이동 도식(motion schema)으로 본다면 '시간'은 '이동물'로 볼 수 있다. M. Johnson(1987) 에서 제창된 [출발점-경로-도달점 도식(source-path-goal schema)] 은 이동이 비유적으로 확장, 도식화(schematization)하여 경로 도식 이 성립한 것이다. 이 도식은 체험적인 공간 인지를 반영한 것으로, 전형적으로는 '이동' 현상을 나타내는데, 공간적인 '이동'에서 '상태 변화'나 '인과 관계'로 은유적 본뜨기가 일어나서 확장되기도 한다 (이수련 2006 : 27-29).

시간 지시사의 경우 이동론적 해석은 시간의 흐름을 공간 이동으 로 해석하므로 [시간은 공간이다.]라는 최상위 은유가 성립한다. 이 은유는 다시 하위 은유들로 이루어지는데, [시간은 이동물이다.]라 는 은유는 중간 단계로서 기본 은유에 해당하고, 이 은유는 다시 하 위 은유들로 이루어진다.

이동론적 해석은 토씨인 '까지'나 '부터'가 시간 지시사 뒤에 오는 표현들을 대상으로 한다.

117

'이때'는 현재의 시간과 관련이 있으므로 풀이씨에 과거가 오면 공기하지 못하는 것이 일반적인 현상이다.

(23) *이때 그가 아니라고 말했잖아.

그러나 '이때'도 도달격 토씨 '까지'가 오면 성립하는데, 이 경우 '과거에서 현재까지'를 다 지시하게 된다.

(24) ㄱ. 이때까지 안 자고 뭐 하니?

　　　ㄴ. 이때까지 뭘 한다고 이렇게 늦었느냐?

(24ㄱ)은 때매김이 '현재'이고, (24ㄴ)은 '-었-'이 온 '완료상'이다. '이때'는 현재임에도 ㄴ처럼 완료상과 공기하는 이유는 토씨 '까지'가 와서 과거에서 현재까지의 시간을 전부 지시하기 때문이다. 이것을 달리 말하면 말하는 이가 서 있는 곳이 도달지로서, 도달지와 함께 앞 영역을 모두 포함하기 때문이다. 그렇지만 이 경우 어떤 사태가 언제 출발했는지는 비명시적이므로, 이 표현은 '도달점'이 윤곽화(profiling)한 것이다. 따라서 이 시간 개념을 공간 개념과의 유사성에서 빗대면 [끝은 도달지이다.]라는 은유에서 비롯된 것이다.

마찬가지로 '그때'도 '까지'가 올 수 있다.

(25) ㄱ. 그때까지 안 자고 뭘 했니?

　　　ㄴ. 그때까지 뭘 한다고 그렇게 늦었느냐?

(25)의 '그때'와 (24)의 '이때'와의 차이점은 월에서 표현된 사태가 '이때까지'는 그 사태가 현재까지 지속되고 있다면, '그때까지'는 현재까지 지속되지 않고 과거의 어느 시점에서 끝난 것으로서 현재에는 단절되었음을 뜻한다. 곧 '그때까지'가 오면, 말하는 이는 발화시에 서 있고 사건시는 과거에 일어난 일로서, 과거의 어떤 시점에서 시작된 사태가 과거의 도달지에서 완결된 사태이다. 그러므로 '그때'가 오면, 사태의 도달점은 말하는 이가 서 있는 곳에서 떨어져 있는 양상이므로 현재와는 공기하지 못한다.

(26) *그때까지 집에 안 오고 뭘 하니?

따라서 '이때까지'와 '그때까지'는 일정 시점을 가리키는 말이 오면 그 시점이 도달지가 된다.

(27) ㄱ. 밤 10시, 이때까지 뭘 하고 집에 안 오니?
ㄴ. 밤 10시, 그때까지 뭘 하고 집에 안 왔니?

(27ㄱ)은 '이때'가 온 보기로서 '현재', (27ㄴ)은 '그때'가 온 보기로서 '과거'의 때매김이다. '이때'의 경우 발화시가 10시이고, '그때'는 발화시가 10시를 넘긴 시점이지만, 두 표현 모두 사건시의 도달점이 모두 10시이다. 따라서 두 표현의 공통점은 사건시의 도달점이 모두 10시로서, 이것이 담화의 참조점(reference point)이다. 여기에서 참조점이란 R. W. Langacker(1993)에 의하면 "어떤 사물의 개념을 상기

하여 그것을 실마리로 다른 사물과의 심리적 접촉을 달성해 개념화 하는" 인간의 기본적 인지 능력을 말한다(임지룡 외 2004 : 219-220)[9].

그런데 '접때'의 경우는 도달격 토씨 '까지'가 올 수 없다.

> (28) ㄱ. *접때까지 안 자고 뭐 하니?
>
> ㄴ. *접때까지 뭘 한다고 이렇게 늦었느냐?

'접때'는 분명한 경계를 갖지 않기 때문에 도달격 토씨 '까지'와 공기하지 못하는 것으로 나타난다.

다음 '이때껏', '그때껏'은 어찌씨로서, 토씨 '까지'가 오는 표현과 마찬가지로 도달점 중심의 표현이다.

> (29) ㄱ. 저는 이때껏 가난이란 모르고 살아왔습니다.
>
> ㄴ. 그때껏 한 마디도 않고 있던 중년 신사가 한 마디 보탠 게 사단이었다.

(29)의 '이때껏', '그때껏'은 모두 어찌씨로서, '이때껏'은 '이제까지, 아직까지도'의 뜻이다. '그때껏'은 '(어떤) 일이 생긴 그때까지'를 뜻한다. 이 경우 '접때껏'은 성립하지 않는다.

---

9 '환유'도 '참조점'으로 설명이 가능한 것은 환유적 표현에 의해 지칭되는 실재물은 우리가 원하는 목표 영역에 다가갈 수 있도록 정신적 접근(mental contact)을 제공하기 때문이다.

(30) ㄱ. *저는 접때껏 가난이란 모르고 살아왔습니다.

　　ㄴ. *접때껏 한 마디도 않고 있던 중년 신사가 한 마디 보탠게
　　　　사단이었다.

　다음 출발격 토씨 '부터'가 오는 경우, 과거의 어느 시점에서 지금
까지 계속되는 사태를 말한다. 곧 사건시가 출발점이 되는 표현으로
서 도달점은 명시되지 않으므로 출발점이 윤곽화한 표현이다. 따라
서 [시작은 출발지이다.]라는 은유가 성립한다.

　'이때'와 '그때'는 토씨 '부터'가 올 수 있다. 아래 (31)에서 ㄱ의 때
매김은 '과거', ㄴ은 '현재', ㄷ은 '미래'를 나타낸다.

(31) ㄱ. {이때/그때/접때}부터 그는 열심히 공부했다.

　　ㄴ. {*이때/*그때/*접때}부터 그는 열심히 공부한다.

　　ㄷ. {이때/그때/*접때}부터 그는 열심히 공부할 것이다.

　(31ㄱ)의 경우 풀이씨의 때매김은 '과거'로서 과거의 사태가 지속
되지만, 현재도 이 사태가 지속되는지는 알 수 없다. 왜냐하면 도달
점은 비명시적이기 때문이다. 그래서 이 표현에서 '이때부터'는 사
태가 시작하는 지점만 알 수 있어서, '이때'가 출발점이면서 참조점
이 된다. 또한 (31ㄴ)에서 토씨 '부터'는 현재와는 공기하지 못하는
데, 이것은 '현재'는 어떤 사태가 지금 눈앞에서 벌어지고 있으므로
이것이 출발격 토씨 '부터'와 의미 충돌을 일으키기 때문으로 보인
다. (31ㄷ)의 경우 풀이씨의 때매김이 미래이면 '접때'는 올 수 없다.

이 표현은 발화시가 현재로서 미래에 관한 사태에 대해서 언급을 한 것이다. 그런데 다음 예문 (32)처럼 발화시는 현재지만 기준시가 미래가 되면 '이때'는 성립하지 않고 '그때'만 성립한다.

(32) 고2가 되면, {*이때/그때}부터 열심히 할 거야.

(32)에서 '고2'는 아직 오지 않은 시간으로서, 이것이 출발점이면서 사태의 참조점 역할을 한다. 이것은 '그때부터'가 미래의 어떤 시점인 '그때'가 출발점이 되어 그 기준 시점에서 사태가 시작됨을 나타내기 때문이다. 이 용법은 지시사 가운데서도 '그'만 미래를 가리키는 것과 같은 선상에 있다고 볼 수 있다.

지금까지 시간 지시사 '이때', '그때', '접때'를 대상으로 하여 지시사와는 다른 접근법으로 이들이 선택되는 기준과 특성을 밝혀 보았다. 지금까지 논의를 정리하면 다음과 같다.

[1] 시간 지시사에 나타나는 시간 개념은 발화시와 사건시의 거리감이 일차적으로 작용하고, 그 다음 말하는 이의 상대적이고 주관적인 판단이 이차적으로 관여한다고 볼 수 있다. 곧 시간 지시사는 '거리 지향적인' 체계가 우선하고, 그 다음으로 '사람 지향적인' 체계가 관여하는 것으로 나타난다.
[2] 시간 개념과 공간 개념은 유사성에 의해서 은유가 성립하고, 이들은 여러 하위 은유들로 이루어진다. 또한 말하는 이가 발

화시라는 일정 영역 안에 있다고 생각하면 그 경계는 〈안·밖〉 〈내부·외부〉와 같은 그릇 도식으로 은유화된다.

[3] 시간 지시사의 경우, 말하는 이는 시간이 오는 방향을 마주 보고 있는 양상이다. 다만 '그때'가 '미래'를 가리키는 경우만 말하는 이의 시선은 시간이 흐르는 방향과 같은 방향을 취한다.

[4] 현재 때매김에는 '이때', '그때', '접때'가 다 올 수 있고, 이 경우 지시사 '이', '그', '저'와 마찬가지로 '사람 지향적인' 체계를 보인다.

[5] '그때'와 '접때'는 발화시와 사건시가 단절된 표현들이다. 이 둘의 존재론적 해석 차이점을 들면 다음과 같다.

① '그때'는 과거와 미래에 다 올 수 있지만, '접때'는 과거에만 올 수 있다.

② '그때'는 발화시와 사건시가 중간 거리에 해당하지만, '접때'는 먼 거리에 해당한다.

③ '그때'는 확실한 경계를 갖지만, '접때'는 그렇지 않다.

[6] 시간 지시사에 나타난 이동 도식의 특징은 다음과 같다.

① 토씨 '까지'가 오면 말하는 이가 서 있는 곳이 도달지로서 도달점이 참조점이 된다.

② 토씨 '부터'가 오면 출발점만 윤곽화해서 참조점이 된다.

지금까지 논의 가운데 나온 은유를 단계별로 정리하면 다음과 같다.

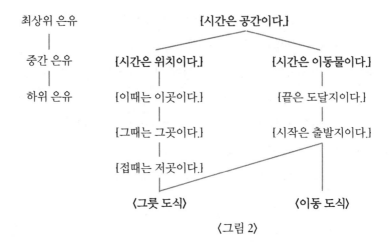

〈그림 2〉

제Ⅲ부

개념화와
시각화

개념화와
의미 해석

제5장

공감각으로 본 모양흉내말 연구
- 시각을 중심으로 -

언어는 자의적인 기호(arbitrary symbols)라고 한다. 이것은 일반적인 관점에서 본 것이고, 언어기호의 특징 가운데는 부분적으로 소리와 뜻이 필연적인 관계를 갖기도 하는데, 이를 언어기호의 유연성(motivation)이라고 부른다. 언어기호 가운데 대상과의 유연성을 갖는 전형적인 표현이 흉내말(onomatopoeia)이다.

흉내말은 대상의 소리와 모양을 본뜬 것이므로 이 표현을 통하여 우리가 그 대상을 어떻게 개념화하는가를 밝혀볼 수 있는 근거가 된다고 본다. 우리가 사물을 개념화할 때 경험이나 인지 구조에 의존하게 되는데, 이러한 기제를 체험주의(experientialism)라고 한다. 이 글에서는 흉내말을 우리의 감각과 관련된 것으로 보고, 이를 분석함으로써 우리나라 사람들이 감각과 관련하여 어떤 인지 구조를 갖고 있으며 그것을 언어화하는지를 밝혀보고자 한다. 곧 모양흉내말은 감각 가운데 시각과 관련된 표현이므로, 모양흉내말을 통하여 시각을 중심으로 감각의 관련성을 찾고자 하는데, 이를 위한 방법으로는 모양흉내말 가운데 시각은 물론 다른 감각 표현으로도 해석되는 보기들을 찾아서 이들을 감각의 전이, 곧 공감각의 관점에서 시각과 가장 가까운 감각들이 어떤 것들이 있는가를 밝힘으로써 우리 머릿속 신비의 일부를 살피고자 한다.

이 연구를 위한 자료로서는 [우리말 의성·의태어 분류 사전, 연변 언어연구소, 1989]에 수록되어 있는 8,000여 개의 낱말들 가운데 사람과 관련된 모양흉내말 2,629개를 주 대상으로 한다. 이처럼 사람과 관련된 모양흉내말만을 대상으로 한 것은 이 흉내말이 사람의 모습이나 움직임을 나타내는 도상성이 있고, 또한 이 표현들에는 우리의 문화나 경험을 바탕으로 하는 몸적인 사고가 가장 잘 반영되어 있다고 보기 때문이다. 이 밖에 소리흉내말 가운데서도 사람과 관련된 소리흉내말 520개도 참고하였다[1].

---

1 [우리말 의성·의태어 분류 사전]을 참고로 하여 흉내말을 분석할 때 하나의 낱말이 다른 영역과 겹치기도 해서 명확하게 구분되지 않는 경우도 있다. 이것은 언어학적인 분류의 특징이기도 한데, 이런 점이 과학적 분류와 다른 일면이기도 하다.

5.1. 흉내말에 나타난 공감각의 특징

5.1.1. 언어에 나타난 공감각 전이의 양상

사람은 보통 오감인 '시각·청각·미각·후각·촉각' 등으로써 보고, 듣고, 느끼는 등 감각적인 행위를 하게 되는데, 이 오감과 실제 물리적인 자극 사이에는 1대 1의 대응이 성립한다. 그런데 때로는 이 원칙이 지켜지지 않는데, 보기를 들면 음파가 귀에 닿을 때 소리를 들을 뿐 아니라 색상을 느끼는 수가 있는데, 이것을 색청(色聽)이라고 한다. 이때 색상이 변하면 들리는 소리의 음정도 변한다. 또한 우리는 밥 짓는 냄새를 통하여 고향을 그리기도 하고[2], 어머니가 직접 쓰신 편지를 읽으면서 어머니의 냄새를 느끼기도 한다.

(1) ㄱ. <u>금빛</u> 게으른 울음을 우는 곳
    ㄴ. <u>따뜻한</u> 향기

(1)은 '울음'이라는 청각을 '금빛'이라는 시각으로 바꾼 시의 일부분이고, (2)는 '향기'라는 후각을 '따뜻한'이라는 촉각으로 바꾼 일상적 표현이다. 이와 같이 감각의 경계를 넘어서서 두 가지 이상의 감각이 공존하는 현상을 공감각(synesthesia)이라고 하는데, 이것에는 2차 감각이 현실적인 것, 기억 표상적인 것, 또는 단순한 사고에 그

---

2 이를 냄새 기억(smell memory)이라 한다.

치는 경우도 있어서 종류도 다르고 정도의 차이도 있다. 이처럼 '공감각'이란 '하나의 감각 자극이 그것에 대응하는 감각뿐만 아니라 다른 감각으로도 동시에 지각되는 현상'을 말한다. 이처럼 공감각을 기반으로 하여 한 감각을 나타내는 낱말이 다른 감각을 나타내는 데 비유적으로 전용되는 일이 있다.

한편 의미론자인 S. Ullmann은 Byron이나 Keats, Longfellow 같은 유명한 영문학 작품에서 공감각을 표출해서, 공감각의 확장 방향성을 최초로 연구했다. 그는 확장의 방향을 '촉각→온각→미각→후각→청각→시각'으로 본다. 달리 말하면 공감각 표현에서의 전용은 그다지 분화되지 않은 낮은 차원의 감각에서 더 분화된 높은 차원의 감각으로 이행된다고 본 것이다(남성우 옮김 1979: 286-315 참조). 그 후 J. M. Williams(1976:463)도 감각 사이에 확장의 방향이 있다는 것을 아래와 같이 규정하고, 이 일반적인 경향이 영어뿐만 아니라 다른 언어에서도 성립한다는 전망을 시사하였다.

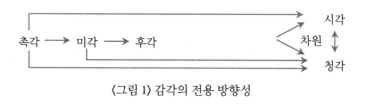

〈그림 1〉 감각의 전용 방향성

〈그림 1〉은 J. M. Williams이 감각 양상의 전용 방향성을 계통 발생적으로 밝힌 것이다.

5.1.2. 흉내말에 나타난 공감각 표현의 양상

앞에서 시와 일상 언어에서 공감각 비유의 확장이 촉각이나 미각 같은 낮은 감각에서 청각이나 시각 같은 고차 감각으로 나아가고 있음을 살펴보았다. 이 글에서도 모양흉내말에 나타나는 공감각 양상을 살피고자 하는데, 이것은 일반적인 표현에 나타나는 공감각 표현과는 차이가 있다. 그래서 이 장에서는 흉내말과 다른 표현에 나타나는 공감각 표현의 차이를 살펴보기로 한다. 먼저 흉내말의 특징을 알기 위해서 이들의 특징을 '유연성', '도상성', '신체성'으로 나누어 보기로 한다[3].

첫째, F. de Saussure 이후 언어는 기호의 체계로서 소리와 뜻의 관

---

[3] 흉내말 연구는 그동안 음운론적, 형태론적, 의미론적 유연성에서 연구되어 왔다. 첫째 음운론적인 관점에서 모음교체와 자음교체가 일어나고, 이에 따라서 어감의 차이를 불러일으키게 되는데, 초기의 연구는 대부분 이 관점에서 논의되어 왔다. 둘째 형태론적인 관점에서 소리흉내말과 모양흉내말의 어근이 합성말이나 파생말을 만들 때 생산적이라는 관점에서 연구되어 왔다.

(1) ㄱ. 따옥새, 뜸북새, 뻐꾹새, 소쩍새, 복슬강아지
    ㄴ. 곱슬머리, 껄렁패, 더펄머리, 넙적코, 물렁뼈
(2) ㄱ. 개구리, 꾀꼬리, 꿀꿀이, 따오기, 뜸부기, 매미
    ㄴ. 까불이, 넓죽이, 덜렁이, 똘똘이, 뚱뚱이, 비뚤이, 비실이, 홀쭉이

(1)은 합성말, (2)는 파생말의 보기인데, 모두 흉내말이 어근이 된 보기이다. 또한 흉내말의 어근에 뒷가지 '-거리-, -대-, -이-, -하-'가 붙어서 움직씨가 되거나 그림씨 뒷가지인 '-업-'이 붙어서 그림씨로 파생되는 보기들을 들 수 있다. 셋째, 의미론적인 관점에서는 주로 반복구조의 의미, 어감에 따른 의미 차이, 흉내말의 바탕 분석들에 관한 연구들을 들 수 있다. 위의 논의에 덧붙여 음운론적, 형태론적, 의미론적 관점의 세 관점을 역사적으로 고찰한 것으로는 최호철(1984 4-12), 세 관점을 종합적으로 논의한 것으로 박동근(2008), 흉내말의 사용 양상까지 고찰한 논의로는 채완(2003)을 들 수 있다. 나머지 소리흉내말의 씨가름에 대하여(송문준 1988), 한 · 일 양국어 상징어 대조 연구로는 윤영기(1985) 등 다양한 논의가 있어 왔다.

계가 자의적인 기호라고 알려져 왔다. 그렇지만 소리흉내말의 경우
는 발생 동기로 볼 때 소리와 뜻이라는 둘의 관계가 필연적이므로
'유연성'을 찾을 수 있다.

둘째, 모양흉내말에는 대상과의 관련성이라는 관점에서 '도상성
(Iconicity)'을 들 수 있다. Pierce는 기호의 분류를 3분법하고 있는데,
상징, 지표, 도상을 들고 있다(김성도 2006:135-195). 이들이 기호의
가장 기본적인 표의형식이라고 본다.

> ▌ 상징(Symbol) : 기호와 지시물의 관계에 의해서 결정되는 경우를
> 말한다. 근접성, 유사성을 갖지 않는다.
> ▌ 지표(Index) : 기호와 그 대상이 근접성(contiguity)에 의해서 결합
> 되는 경우를 말한다.
> ▌ 도상(Icon) : 기호와 지시물의 사이가 유연성(motivation)이 존재
> 하는 경우로서 기호에는 본질적으로 준비된 유사성
> (similarity)이라는 특성에 기초해서 지시물을 언급하
> 는 경우를 말한다.

도상(圖上)은 유사성에 기초해서 대상을 표시하는 기호로서, 보기
를 들면 '견본과 실물', '초상과 본인', '지도와 현지' 등의 관계이다.
그러나 유사성도 여러 가지 종류와 정도가 있고, 또 도상이 순수하
게 유사성만에 의해서 규정되는 것이 아니라 어떤 규정이나 관습에
의하는 경우도 있음을 주의할 필요가 있다. 그래서 '도상성'이란 도
상적인(iconic) 성질을 가지는 것을 말하며, J. Haiman(1980)에서는

도상성을 유연성과 동형성(isomorphism)으로 하위 구분하였다. 유연성은 기호와 지시대상 사이에 어떤 유사성을 가리키는 데 대하여, 동형성은 같은 형식이 같은 의미를 갖는 것 즉 의미와 형식의 일대일 대응을 말한다(임지룡 외 3인 옮김 2004:48).

인지의미론에서 말하는 '도상성'이란 사물의 모습이 기호에 그대로 반영되어 있듯이, 우리의 인지 체계, 곧 '개념 : 사고 : 의미'의 모습이 언어의 '형태 : 구조'에 투영된 것을 말한다(임지룡 1997:378).

셋째, 흉내말은 신체성(embodiment)에 근거한다는 것이다. 신체성이란 외계의 사건을 파악하는 기제로서, 외계의 사건을 신체에 의해서 직접적으로 지각하게 된다는 생태심리학의 용어이다. 우리는 외계를 분석적으로 보는 것이 아니라 상황의 전체를 있는 그대로 인상으로써 파악한다[4]. 물체의 형태를 모두 이해해서가 아니라 무엇인가의 상태로써 파악하는데, 이런 몸적인 사고를 가지고 언어를 표현한다는 것이다(임지룡 2008:323-348, 임지룡 · 김동환2008:47-54).

흉내말의 표현은 다른 움직씨나 그림씨와는 달라서, 신체적인 운동 몸짓과 공기하는 것으로 볼 수 있다. 흉내말은 외계를 표상하는 것이 아니라 신체에 의해서 지각된 사건을 직접적으로 표출한다는 점이다. 따라서 '지각과 운동의 경험 → 영상 도식 → 언어'로 표출된다고 볼 수 있다. 현재의 인지의미론이 제창하는 영상 도식(image-schema)의 대부분은 물리적인 운동이나 관계의 도식에 의한다. 생물

---

4 지금까지 신체성 연구는 개개인의 신체적 경험에 기초해서 인지하는 방식에 초점이 놓였지만은 사회·문화적인 요인과도 관계가 있다. 보기를 들면 사회적 판박이로서 '주부'나 '정치가'의 원형을 세우거나, 모범적 보기로서 어떤 범주의 경험적 이상형을 세울 때도 사회·문화적 요인이 관여하게 된다.

의 운동에 관한 도식은 생물체의 운동 지각을 참고로 해서 흉내말이
표시하는 운동이 생물체의 운동을 전적으로 지각하는 것에서 성립
표현되는 것을 말한다. 이처럼 흉내말이 신체성에 근거하여 사물이
나 사태를 유사성에 의해서 도상했다고 볼 때, 발생 과정에서는 도
상성이 적극적으로 개입하지만, 흉내말의 활용 범위가 넓어짐에 따
라서 도상성이 점점 작아진다고 볼 수 있다. 이에 따라서 흉내말의
경우도 확장이 일어나는데, 이 과정에서 감각 전이가 일어난다고 볼
수 있다. 그래서 소리흉내말이 모양흉내말로 확장되기도 하고, 모양
흉내말에서 소리흉내말로 확장되기도 해서 청각과 시각은 서로 간
에 감각 영역의 확장이 일어나기도 한다.

그런데 대부분의 흉내말은 소리나 모양을 본뜬 말로서 하나의 감
각만을 나타내기 때문에 일반적인 공감각 전이와는 차이가 있다. 보
기를 든다면, 우리가 목소리를 언어화하는 데 있어서도 두 가지 꼴
을 생각해 볼 수 있다.

   (2)   ㄱ. 찢어지는 목소리
         ㄴ. 아악!

(2ㄱ)은 소리의 느낌을 비유적으로 묘사한 것이고, (2ㄴ)은 소리를
그대로 본떠서 표현하는 방법이다. 곧 (2ㄱ)의 '찢어지는 목소리'는
'목소리'라는 청각(원관념)을 '찢어지는'이라는 시각(도움풀이씨 관
념)으로 전이하여 나타낸 공감각적 표현이라면 (2ㄴ)의 '아악'은 하
나의 낱말로서 청각으로 언어화된 소리흉내말이라는 점에서 차이

가 있다.

　그런데 흉내말 가운데도 감각의 두 영역에 겹쳐서 나타나는 표현
들이 있다. 이 때 본래는 어떤 한 영역에서 쓰이다가 이 흉내말이 다
른 영역으로 확대되어 쓰이게 됨으로써 감각의 전이가 일어난 것으
로 볼 수 있다.

　　(3)　ㄱ. 아이가 사탕을 <u>바싹바싹</u> 깨물고 있다.

　　　　ㄴ. 날씨가 추워서, 몸이 <u>오싹오싹</u> 움츠려 든다.

　(3ㄱ)의 '바싹바싹'은 청각과 시각, (3ㄴ)의 '오싹오싹'은 시각과
촉각의 두 영역에 걸쳐 있다. 이 경우 '시각'과 '청각'은 높은 차원의
감각이지만, 감각 가운데는 원형이라고 볼 수 있다. 그래서 시각과
청각 영역은 기본 감각으로 볼 수 있는데, 이것은 흉내말을 소리흉
내말과 모양흉내말로 나누는 것으로 볼 때도 청각과 시각이 원형이
될 수 있음을 보여 주는 한 증거가 될 것이다. 그런데 시각과 청각 두
감각 가운데 어느 것이 더 고차원의 감각인가를 단정 짓기는 쉽지
않다. 일상생활에서 우리는 음을 듣는 것과 동시에 사건을 보는 경
우가 많기 때문이다. 보기를 들면 새 소리, 바람 소리, 시냇물 소리를
들으면 기분이 좋아지는데, 이것은 우리가 외계의 사물을 지각함과
동시에 소리를 듣기 때문이다. 그래서 이 글에서는 감각 가운데 시
각과 청각을 원형으로 보게 되는데, 그것은 다른 영역에서 이들 영
역으로 전이되어 쓰이는 보기들을 찾을 수 있기 때문이다. 김중현
(2001:37)도 일반적인 공감각의 전이에서도 촉각이 근원이 되고 그

다음으로 미각, 후각의 순서로 도식화되며, 시각과 청각은 도식에서 최종 수령자가 된다고 한다. 그런데 청각은 주로 시각하고만 겹치는 것으로 나타나지만, 시각은 다른 감각에서 감각이 전이된 유형들을 더 다양하게 찾을 수 있다. 그래서 이 글에서는 모양흉내말만을 대상으로 하여 공감각의 양상이 어떻게 나타나는가를 자세히 살피도록 한다.

5.2. 공감각으로 본 모양흉내말

5.2.1. 도상성으로 본 모양흉내말

흉내말은 크게 소리흉내말과 모양흉내말로 나누는데, 이 둘의 특징은 다르다. 소리흉내말은 사람이나 사물의 소리를 그대로 본뜬 것으로서 유연성이 관여하므로 음성과 의미가 필연적으로 연합된다. 그렇지만 그것이 언어화되는 과정에는 자의성이 개입될 수밖에 없다. 이와는 달리 모양흉내말은 본래부터 음성 형식과 의미 사이에 아무런 필연성이 없다고 볼 수 있다. 보기를 들면 움직씨 '흔들다'에서 모양흉내말 '흔들흔들'이 만들어지고, 다시 모음 교체에 의해 '한들한들'이 파생된 과정이 분명히 눈에 보이는 것이다. 또, '거칠다'와 '까칠까칠'을 대비해 보면 직접적으로는 그 유연성이 분명하지 않지만, '거칠다 → 거칠거칠 → 가칠가칠 → 까칠까칠'의 과정을 상정하고 보면 그 관계가 확연히 드러난다(채완 2003:16).

그런데 '도상성'이란 '유연성'과는 달라서 우리의 인지 체계가 언어의 형태 구조에 투영된 것을 말한다. 이런 관점에서 모양흉내말은 우리의 인지가 일상의 신체적 경험을 기반으로 해서 사실을 반영한 것으로서, 사람이나 사물의 모양이나 움직임이 반영된 언어기호라고 볼 수 있다.

    (4) ㄱ. 학생이 <u>터덜터덜</u> 다가오고 있다.

          ㄴ. 아이가 <u>아장아장</u> 걷고 있다.

'터덜터덜', '아장아장' 등은 우리의 인지 체계에서 [걷는 동작의 양상]이라는 인지 구조에서 발생한 모양흉내말들이다. 곧 '터덜터덜'은 '사람이 힘없이 걷는 모양'이고, '아장아장'은 '아이가 귀엽게 걷는 모양'을 본뜬 모양흉내말로서 우리가 시각적으로 보고 경험한 인지 체계 속에서 만들어졌기 때문에 도상성이 있다고 볼 수 있다.

[우리말 의성・의태어 분류 사전]에서는 8,000여 개의 낱말 가운데 소리흉내말을 '사람', '동물', '기구・기계・악기', '고체', '기체', '액체'와 관련하여 쓰이는 의성어'라는 여섯 영역으로 나누고 있다. 이 가운데 '사람과 관련된 소리흉내말'은 520개로서 이들 낱말은 크게 두 영역으로 나뉘는데, '사람의 코, 혀, 후두, 입에서 나는 소리'와 관련된 소리흉내말(280), '사람이 움직일 때 나는 소리'와 관련된 소리흉내말(240)이 수록되어 전체 흉내말 가운데 6.5%를 차지한다. 그리고 이 사전에서는 모양흉내말도 '신체와 관련된 낱말 수'는 2,629개가 수록되어 있는데, ⟨1⟩ 감각, 감정, 생각을 나타내거나 심리, 정

신 상태를 나타내는 의태어(339), ⟨2⟩ 움직임을 나타내는 의태어
(1638), ⟨3⟩ 동작이나 행동의 상태를 나타내는 의태어(107), ⟨4⟩ 사람
의 모습을 나타내는 의태어(127) ⟨5⟩ 사람의 노력, 성미, 태도, 표정,
품성(418)의 다섯 꼴로 나누고 있다.

신체의 움직임을 시각적으로 나타낸 모양흉내말은 도상성의 전
형적인 보기로서, 흉내말 가운데 그 수가 32.9%로서 가장 많다.

> (5) ㄱ. 눈이 <u>초롱초롱</u> 빛난다.
>
> ㄴ. 고개를 <u>절레절레</u> 흔들고 있다.
>
> ㄷ. 어머니가 <u>부랴부랴</u> 집으로 달려가셨다.

(5)는 모두 신체의 기관과 관련하여 그 기관의 움직임과 상태를
시각화한 표현들이다. 그런데 (5ㄱ)의 '초롱초롱'은 눈의 모양, (5ㄴ)
의 '절래절래'는 고개의 움직임, (5ㄷ)의 '부랴부랴'는 몸 전체의 움
직임이 바쁘게 움직이는 모양을 나타낸 표현이다. 이 특징에 따라서
(5ㄱ)은 '신체 모양의 시각화', (5ㄴ)은 '신체 동작의 시각화', (5ㄷ)은
'신체의 동작·상태의 시각화'라고 부르기로 한다.

⟨1⟩ 신체 모양의 시각화

'사람의 신체 모양'을 나타내는 모양흉내말은 이 꼴들에서 가장
전형적인 보기들이다.

> (6) ㄱ. 얼굴빛이 <u>붉으락푸르락</u> 변해 갔다.

ㄴ. <u>곱슬곱슬</u> 자란 고수머리

ㄷ. 그는 가슴이 <u>딱</u> 바라지고 오달지게 생겼다.

(6)에서 (6ㄱ)은 '얼굴', (6ㄴ)은 '머리 모양', (6ㄷ)은 '가슴'의 모습을 나타낸 모양흉내말들이다. 이 표현들은 신체의 모양이 시각적이기 때문에 이를 개념화한 것도 시각적이면서 정적인 흉내말에 해당한다.

신체를 본뜬 모양흉내말의 낱말 수를 차례로 보면 신체 58개, 얼굴 38개, 눈알 7개, 입 2개의 순으로 나타난다. 이로 볼 때 신체와 관련된 경우 '전체적인 모습'이 가장 두드러진 요소이고, 다음 '얼굴', '눈', '입'의 순서로 나타난다. 이에 해당하는 모양흉내말은 그 수가 105개로서, 모양흉내말 가운데서는 적은 편이어서 4.8% 정도에 해당한다.

(2) 신체 동작의 시각화

앞의 신체의 시각화는 정지된 화면을 보는 것과 같은 정적인 모양흉내말이라면, 신체 동작의 시각화는 움직임이 두드러진 요소로서 동적인 시각화라고 볼 수 있다.

(7)　ㄱ. 다솜이는 <u>꼬박</u> 졸다가 일어났다.

ㄴ. 딸이 얼굴을 <u>비죽</u> 내밀고 갔다.

(7ㄱ)은 주로 고개, (7ㄴ)은 얼굴의 동작을 꾸미는 모양흉내말들이

다. 이와 같은 '신체 동작의 시각화'는 구체적인 움직임과 추상적인 움직임으로 나누어지는데, 이에 해당하는 신체기관은 '눈, 입, 코, 손, 발, 몸...' 등이다.

첫째, 구체적인 신체 움직임부터 살펴보면, 전체 2,629개 모양흉내말 가운데 사람의 움직임을 나타내는 모양흉내말은 1,752개로서 모양흉내말 가운데는 낱말 수가 가장 많아서, 모양흉내말의 66.6%를 차지한다.

먼저 '눈'을 통한 모양흉내말은 이 표현 가운데 가장 전형적인 보기로서, 낱말수가 135개로 나타난다. 이 흉내말들은 눈 자체의 움직임이나 눈알의 움직임을 시각적으로 드러낸 표현들을 포함한다. '입'과 관련된 모양흉내말은 주로 '먹는 행위'와 '말하는 행위'라는 두 가지 주 기능이 있고, '숨 쉬는 기능'과 관련된 움직임을 흉내낸 말이 부 기능으로서 포함되는데 모두 286개이다. 또 이것에 입김을 내불거나 숨을 쉬는 모양 31개와 입술의 모양과 관련한 것 38개를 합치면 '입'과 관련된 총 낱말 수는 355개이다. 이 밖에 '코, 고개, 머리, 목, 얼굴'의 움직임을 언어화한 표현들을 들 수 있는데, 코를 움직이는 모양(11), 고개나 머리, 목의 움직임과 관련된 낱말(58), 얼굴을 내밀거나 나타내는 모양(8) 등을 들 수 있다. '발'이나 '다리'의 움직임을 나타내는 모양흉내말은 192개로서 걷는 모양, 달리는 모양, 뛰는 모양들로 이루어진다. '손'이나 '팔'의 움직임을 나타내는 모양흉내말은 313개로서, 이 움직임은 도구, 재료 등을 활용한 움직임이 대부분을 차지한다. '손' 자체의 움직임을 본뜬 낱말은 주먹을 여무지게 틀어쥐는 모양(4)을 들 수 있다. 다음 '팔다리'의 움직임을 나타내는 모양흉내말은 25개, '근육'의 움직임을 나타내는 모양흉내말은 15개이다. 그리고 순수하게 '몸' 전체의 움직임을 나타내는 모양흉내말은 295개인데, 이 항목에 '웃는 모양' 99개, '우는 모양' 11개를 포함하고, '자거나 조는 모양'을 나타내는 모양흉내말 17개를 합치면 모두 422개이다. 전체 모양흉내말 가운데 '몸'의 움직임을 나타내는 낱말 수가 가장 많다. 마지막으로 '맥박'이 뛰는 모양(4), '심장'이 뛰는 모양(7)으로 나타난다. 지금까지 논의를 표로 정리하면 다음과 같다.

〈표 1〉 구체적 행위를 나타내는 모양흉내말

신체	몸	입(입술)	손(팔)	발(다리)	눈	고개,목	팔다리	근육	코	얼굴	심장	맥박
낱말수	422	355	317	192	135	58	25	15	11	8	7	4
합계	1,549											

2,629개 모양흉내말 가운데, 신체의 구체적 행위를 나타내는 모양흉내말은 모두 1,549개로서 모양흉내말 가운데 낱말 수가 가장 많다.

둘째, 추상적 행위는 (1) 감각, 감정, 생각을 나타내거나 심리, 정신 상태를 나타내는 모양흉내말과 (2) 사람의 노력, 성미, 태도, 표정, 품성 같은 것을 나타내는 모양흉내말의 두 가지로 나누어진다. (1) 감각, 감정, 생각을 나타내거나 심리, 정신 상태를 나타내는 모양흉내말은 가슴이 울렁이는 모양(16), 감정이 북받치는 모양을 본뜬 흉내말(8), 기나 숨 같은 것이 막히는 모양(12), 기억이나 의식이 떠오르거나 떠오르지 않는 모양(17) 등이 있다. 마음과 관련된 모양흉내 말은 29개인데, 마음이 격하게 움직이는 모양(4), 마음이 들떠서 움 직이는 모양(8), 마음이 몹시 죄여드는 모양(7), 마음이 상쾌하거나 후련한 모양(10), 성을 내는 모양(31) 등을 들 수 있다. 생각과 관련된 모양흉내말은 생각하는 모양(2), 생각이 떠오르거나 잘 떠오르지 않 는 모양(27), 정신 상태가 어떠한 모양을 보이는 낱말(27)로서 모두 56개를 들 수 있다. ⟨2⟩ 사람의 노력, 성미, 태도, 표정, 품성처럼 추상 적인 움직임을 나타내는 모양흉내말에 대해서 살펴보기로 한다. 먼 저 기와 관련된 표현은 기를 쓰는 모양(9), 기운을 쓰거나 힘을 주는 모양(22), 기세 좋게 해나가는 모양(5), 기운이 없는 모양(4)으로 40 개로 나타난다. 다음 성질과 관련된 어휘는 22개로서 성질이 검질긴 모양(10), 성질이 늘어지거나 수더분하거나 시원스러운 모양(8), 성 질이 찬찬한 모양(4), 속의 애타는 모양(5) 등을 들 수 있다.

⟨표 2⟩ 추상적 행위를 나타내는 모양흉내말

추상적 행위	감각, 감정, 생각, 심리, 정신...						노력 · 성미	성질
신체	생각	가슴	감정	숨	기억	마음	기	
낱말 수	56	16	8	12	17	29	40	22
	138						40	
합계	200							

지금까지 논의된 추상적인 행위에 해당되는 낱말 수는 '생각〉기〉 마음〉성질〉기억〉가슴〉숨〉감정'의 순서로 나타난다.

추상적 행위를 나타내는 낱말 수는 200개인데, 이것에 구체적 행위를 나타내는 모양흉내말 1,549개를 합치면, 신체의 동작을 나타내는 모양흉내말은 모두 1,749개이다. 이 숫자는 전체 모양흉내말의 66.5%로서 절반을 넘는다.

(3) 신체의 동작·상태 시각화

신체의 동작·상태의 시각화는 동작의 상태를 나타내는 모양흉내말이다. 앞에서 살펴본 신체 행위의 시각화는 사람이 하는 동작의 움직임을 드러낸다면, 동작·상태의 시각화는 그 움직임의 양태를 나타내는 모양흉내말을 말한다. 이에는 전체 행동과 관련된 표현이 주류를 이룬다.

(8) ㄱ. 그는 <u>뭉그적뭉그적</u> 어물거리고 있다.

ㄴ. 저렇게 <u>슬렁슬렁</u> 하고서야 언제 다 끝내겠소?

(8ㄱ)의 '뭉그적뭉그적'은 '일을 제때에 처리하지 못하고 뭉개는 모양'을 나타내고, (8ㄴ)의 '슬렁슬렁'은 '바쁘게 서두르지 않고 천천히 느리게 행동하는 모양'을 나타낸 것이다. 이런 동작·상태의 시각화에 관한 보기를 들면, 경솔하게 행동하는 모양(36), 게걸스럽게 행동하는 모양(2), 느리게 행동하는 모양(7), 동작을 멈추는 모양(10), 동작이 굼뜬 모양(7), 동작이 매우 갑작스러운 모양(6), 동작이 빠른 모양(6), 방향 없이 헤매는 모양(6), 비굴하게 행동하는 모양(7), 조심스럽게 행동하는 모양(10), 힘들이지 않고 가볍게 행동하는 모

양(10) 등을 들 수 있다. 이들의 낱말 수는 107개로 나타난다.

지금까지 살펴본 사람과 관련된 모양흉내말은 '신체 동작의 움직임(1,749) 〉 신체의 동작 상태(107) 〉 신체의 모양(105)'의 순서로 나타난다. '신체 동작의 움직임'이 가장 많고, 다음 '신체의 동작·상태'와 '신체의 모양'은 낱말 수가 거의 같게 나타난다.

5.2.2. 시각으로의 확장

시각으로의 확장은 오감 가운데 한 감각에서 시각으로 전이가 일어나는 표현을 일컫는다. 이것을 흉내말에 나타난 공감각이라고 본다.

> (9)　ㄱ. 아이들이 <u>자그락자그락</u> 싸우고 있다.
>
> 　　　ㄴ. 추워서, 피부가 <u>오싹오싹</u> 오그라든다.

보기 (9)의 '자그락자그락, 오싹오싹'은 모두 모양흉내말이지만 '자그락자그락'은 '청각', '오싹오싹'은 '촉각'과 부분적 겹침(partial mapping)이 일어난다. 곧 이 모양흉내말들은 시각이 주 감각이지만 본래는 다른 감각인 '청각'과 '촉각'과 겹침이 일어나면서 감각이 확장된 표현들이다. 그러므로 이 글에서는 모양흉내말 가운데 시각으로 확장되는 보기는 청각과 촉각만이 나타나므로 '청각의 시각화', '촉각의 시각화'만을 대상으로 한다.

5.2.2.1. [청각 ↔ 시각]

모양흉내말은 어떤 동작이나 상태를 시각적으로 개념화하는 표현이다. 그런데 어떤 행위에 소리가 수반되는 경우, 두 감각으로 모두 해석된다. 오감 가운데 청각과 시각은 밀접한 관련성이 있어서 청각의 시각화가 가장 많이 나타난다. 곧 어떤 행위에 소리가 수반되는 것을 표현하는 경우, 이를 본뜬 흉내말은 이 꼴에 속한다. 일반적인 공감각 표현에서도 시각에서 청각, 청각에서 시각의 양방향으로 전이가 일어나는데, 시각에서 청각으로의 연결은 국어에서 매우 생산적이다. 이에 비해 청각에서 시각으로의 연결은 상대적으로 덜 생산적(김중현 2001:33)으로 나타난다고 한다[5].

'입'과 관련된 행위는 소리가 수반되는 전형적인 보기에 해당한다.

> (10) ㄱ. 아이가 사탕을 <u>보도독</u> 깨물고 있다.
>
> ㄴ. 학생들이 몇 명씩 무리를 지어서 <u>속닥속닥</u> 조잘대고 있다.
>
> ㄷ. 장사꾼들이 <u>고래고래</u> 소리를 지르고 있다.

(10)에서 모양흉내말인 '보도독, 속닥속닥, 고래고래' 들은 어떤 동작을 꾸미고 있지만, 이들은 소리도 수반하는 특징을 들 수 있다. 그래서 이들 흉내말들은 모양흉내말도 되지만 소리흉내말로도 해

---

5 시각에서 청각으로의 전이의 보기로는 '밝은 소리', '빛나는 연주', 반대로 청각에서 시각으로의 전이는 '요란한 색깔', '조용한 어둠'과 같은 표현들을 들 수 있다.

석된다. 이처럼 '입'과 관련된 모양흉내말이 소리흉내말과 겹치는
경우는 입 동작 가운데서도 먹는 행위와 말하는 행위와 관련된 것은
소리가 나므로 소리와 모양의 두 영역에 걸쳐 있는 보기들이 많다.
그렇지만 입 동작 가운데서도 호흡과 관련된 것은 소리흉내말로만
쓰인다. 다음은 먹는 행위와 말하는 행위가 소리를 수반한 공감각의
보기들이다.

〈먹는 모양〉

① 마시거나 빠는 모양 : '발딱발딱, 벌컥벌컥, 훅, 훌쩍, 훌짝, 훌짝훌
짝, 훌쩍훌쩍, 쪽, 쪽쪽, 쭉, 쭉쭉...'(25)

② 먹거나 삼키는 모양 : '그적그적, 늘름, 무뚝무뚝, 훌딱, 꼴깍, 꼴
딱, 짜금짜금, 아귀아귀...'(17)

③ 깨물거나 씹는 모양 : '바작바작, 버벅버적, 보도독, 불걱불걱, 자
근자근, 잘근잘근, 지근지근, 질겅질겅, 호물호물, 빠작빠작, 아싹
아싹, 야금야금, 야물야물, 어기적어기적, 어적어적, 오도독오도
독, 오독오독, 오드득오드득, 오물오물, 우득우득, 우물우물, 우적
우적, 울근울근, 움질움질, 와드득, 와작와작, 와짝와짝...'(33)

④ 뱉거나 토하거나 구역질하는 모양 : '퉤, 퉤퉤, 올칵, 울컥, 왝,
웩'(14)

〈말하는 모양〉

① 거침없이 말하는 모양 : '족, 줄줄, 좍, 쭉쭉...'(12)

② 군소리를 하거나 실없는 말을 자꾸 하는 모양 : '너불너불, 사부랑

사부랑, 시부렁시부렁, 실떡실떡, 징징, 잴잴, 씨둑씨둑, 앙알앙알...'(11)

③ 낮은 목소리로 말하는 모양 : '도란도란, 소곤소곤, 속닥속닥, 수군수군, 숙덕숙덕, 쑹얼쑹얼...'(17)

④ 중얼거리는 모양 : '게두덜게두덜, 두덜두덜, 중얼중얼, 징얼징얼, 투덜투덜, 깨죽깨죽, 웅얼웅얼...'(16)

⑤ 지껄이는 모양 : '두설두설, 지절지절, 지껄지껄, 콩팔칠팔, 홍얼홍얼, 쑹얼쑹얼, 약죽약죽'(7)

⑥ 재미있게 말하거나 똑똑하게 말하는 모양 : '종잘종잘, 종알종알, 재잘재잘, 잴잴, 또랑또랑, 또박또박, 웅알웅알...'(10)

⑦ 퉁명스레 말하는 모양 : '볼통볼통, 톡, 툭, 올똑볼똑, 을뚝, 왈가닥달가닥...'(11)

⑧ 글을 읽거나 외우는 모양 : '줄줄, 홍얼홍얼, 떠듬떠듬, 또박또박, 왱왱, 웽웽...'(20)

⑨ 소리를 지르는 모양 : '고래고래, 더럭'(2)

⑩ 휘파람을 부는 모양 : '휘휘, 휙휙'(2)

⑪ 떠드는 모양 : '달싹달싹, 들썩, 들썽들썽, 벅적, 북적, 따따부따, 떠들썩떠들썩, 짝자그르, 웅성웅성, 와, 왁자그르, 왁자지껄, 왁작, 왝왝, 왱뎅그렁, 웽웽...'(22)

⑫ 다투는 모양 : '자그락자그락, 찌그럭찌그럭, 아옹다옹, 옥신각신...'(8)

'먹는 모양'과 '말하는 모양'의 낱말의 수는 227개로 나타난다.

147

　　다음은 '손'을 활용한 움직임에서 소리가 나는 표현을 들 수 있다. 이 낱말들도 시각과 청각이 공감각에 있는 표현들이 많은데, 이들도 손동작과 함께 소리가 수반되기 때문이다.

(11) ㄱ. 어머니는 싱크대를 <u>박박</u> 닦으셨다.

　　　ㄴ. 학생이 할 수 없이 글씨를 <u>끄적끄적</u> 쓰고 있다.

'박박', '끄적끄적'은 손 움직임을 나타내는 모양흉내말인데, 소리 흉내말로도 동시에 쓰이는 보기들이다.

〈손이나 팔의 움직임을 나타내는 모양〉

① 갈거나 볶는 모양 : '달달, 들들, 바작바작, 버적버적, 빠작빠작, 뻐적뻐적'(6)

② 그림을 그리거나 글을 쓰거나 금을 긋는 모양 : '득, 족, 직직, 끄적끄적, 도박도박, 빽, 뿍, 짝, 쪽, 쭉, 찍...'(23)

③ 긁거나 문대거나 비비는 모양 : '긁적긁적, 긁죽긁죽, 박박, 반작반작, 벅벅, 벅적벅적, 북북...'(24)

④ 닦거나 밀어대거나 깎거나 쓰는 모양 : '박박, 삭삭, 빡빡...'(7)

⑤ 두드리거나 치거나 터는 모양 : '다독다독, 도닥도닥, 차닥차닥, 타닥타닥, 탁, 탈탈, 토닥토닥, 톡, 투덕투덕, 툭, 팡팡, 훌훌, 따독따독, 또닥또닥, 또드락또드락, 똑똑, 뚜덕뚜덕...'(24)

⑥ 박거나 쑤시거나 찌르는 모양 : '벌컥벌컥, 칵, 콕, 쿡, 콱콱, 팍팍, 푹, 쏘삭쏘삭, 쑤석쑤석...'(18)

⑦ 던지거나 뿌리치는 모양 : '홀홀, 휙, 휙휙, 획, 획획'(5)

⑧ 부채질하거나 바람은 일으키는 모양 : '홀홀, 활활, 훨훨'(3)

⑨ 베거나 써는 모양 : '삭삭, 송당송당, 숭덩숭덩, 깍둑깍둑, 싹, 싹독, 싹싹, 썩둑, 쏭당쏭당...'(15)

⑩ 자르거나 떼는 모양 : '똑, 뚝...'(4)

⑪ 지르는 모양 : '팍, 팍팍, 퍽, 퍽퍽, 푹'(5)

⑫ 퍼내거나 후비거나 오비는 모양 : '퍽퍽, 푹, 호비작호비작, 후비적후비적, 우비적우비적...'(9)

⑬ 휘두르거나 휘젓는 모양 : '회회, 휘청휘청, 휘휘, 홰홰'(4)

⑭ 찍는 모양 : '콕, 콕콕, 쿡, 쿡쿡'(4)

소리를 수반하는 손이나 팔의 움직임을 나타내는 모양흉내말은 151개다.

'발'과 관련된 모양흉내말들도 소리와 관련성이 있는 표현들이 많다. 이 표현들은 신발 소리, 뛰는 동작과 관련하여 소리와 유연성이 크다.

(12) ㄱ. 복도에서 학생이 <u>쪼르르</u> 미끌어졌다.

　　　ㄴ. 도둑이 담을 <u>풀떡</u> 뛰어넘었다.

'쪼르르', '풀떡'은 발과 관련된 움직임을 나타내는 표현인데, 이 움직임에는 소리가 수반되기 때문에 모양흉내말과 소리흉내말이 겹친다. 이에 해당하는 다른 보기들을 들면 다음과 같다.

〈발과 관련된 움직임을 나타내는 모양흉내말[6]〉

① 발자국소리를 내며 걷는 모양 : '자박자박, 저벅저벅, 뚜벅뚜벅'(3)

② 빨리 걷는 모양 : '조르르, 종종, 주르르, 타닥타닥, 쪼르르...'(8)

③ 달려가거나 좇아가는 모양 : '뽀르르, 뿌르르'(2)

〈뛰는 모양〉

④ 갑작스럽게 뛰는 모양 : '후다닥, 화다닥, 와다닥...'(12),

⑤ 탄력 있게 뛰는 모양 : '팔팔, 팔딱, 펄펄, 펄떡, 폴딱, 풀떡...'(10)

⑥ 뛰어넘는 모양 : '훌딱, 훅, 훅훅, 훌렁, 훌훌...'(8)

지금까지 살펴본 발과 관련된 모양흉내말은 43개로 나타난다.

다음 '몸'과 관련된 표현은 몸의 일부를 움직이는 동작과 관련된 표현들이 전형적인 보기이다.

(13) ㄱ. 어머니는 놀란 가슴에 털버덕 앉고 말았다.

ㄴ. 아이가 갑자기 푹 쓰러졌다.

(13ㄱ) '털버덕'은 엉덩이, '푹'은 몸 전체와 관련된 모양흉내말인데 소리를 수반한다.

---

6 소리흉내말로만 쓰이는 것으로서 신발 같은 것이 끌리는 소리 : '잘잘, 직직, 질질, 딸각, 딸각딸각'(5), '뛰어 나가는 소리'는 '와다닥, 와다닥와다닥, 와닥닥, 와닥닥 와닥닥'(4) 등을 들 수 있다.

〈몸 전체를 움직이는 모양〉

① 주저앉거나 내려앉는 모양 : '철퍼덕, 탈싹, 털버덕, 팔싹, 폭삭, 폴싹, 푹석...'(23)

② 꼬꾸라지거나 쓰러지는 모양 : '탁, 턱, 팍, 폭, 푹, 픽, 팩...'(16)

③ 일어나거나 몸을 일으키는 모양 : '발닥, 후닥닥, 화닥닥, 빨닥, 뻘떡...'(14)

몸의 움직임과 관련된 모양흉내말은 53개다. 그런데 우는 모양과 웃는 모양도 몸 전체를 움직이면서 하는 행위에 들어가므로 '몸의 움직임'의 항목에 이 꼴을 포함하기로 한다. 다음은 우는 모양과 웃는 모양의 일부가 소리흉내말과 겹치는 보기들이다.

(14) ㄱ. 동생이 방에서 <u>찔찔</u> 울고 있다.

ㄴ. 여학생들이 <u>깔깔</u> 웃으며 지나고 있다.

'찔찔'은 우는 모양, '깔깔'은 웃는 모양이지만, 이들은 우는 소리, 웃는 소리와 유연성을 갖는 낱말들이다. 이에 해당하는 낱말들의 보기들을 들면 다음과 같다.

〈우는 모양〉

'질끔질끔, 콜짝콜짝, 쿨쩍쿨쩍, 훌쩍훌쩍, 짤끔찔끔, 찔찔, 앙앙, 물먹물먹, 엉엉, 울먹울먹, 응응, 잉잉...'(11)

〈웃는 모양[7]〉

① 귀엽게 웃는 모양 : '방시레, 뱅시레, 뱅실뱅실, 해죽, 해해, 해죽, 앙글방글, 엉글빙글'(8)

② 소리 없이 가볍게 웃는 모양 : '방긋, 방싯, 방끗, 벌쭉, 벙싯, 빙긋, 빙싯, 빙끗, 뱅긋, 뱅싯, 뱅끗, 상긋, 싱긋, 생긋, 생긋뱅긋, 생긋생긋, 빵긋, 빵싯, 빵싯빵싯, 빵긋, 뼁싯, 뼁끗, 뼁끗, 쌍긋, 씽긋, 생끗...'(61)

③ 숫기 좋게 입을 벌려 웃는 모양 : '발씬, 깔깔, 뻘쭉...'(11)

④ 싱겁게 웃는 모양 : '실실, 키드득, 키득키득, 피씩, 픽...'(11)

⑤ 여럿이 떠들썩하게 웃는 모양 : '짜그르르, 짝자그르, 와그르르...'(3)

⑥ 입속으로 웃는 모양 : '키득키득, 킥, 킬킬, 캐들캐들, 낄낄...'(6)

⑦ 입김을 내불거나 숨을 쉬는 모양 : '피, 혹, 훌훌, 후, 훅훅...'(10)

⑧ 숨을 쉬는 모양 : '가랑가랑, 가르랑가르랑, 그렁그렁, 새근새근, 할근할근, 할할, 헉, 헐금씨금, 헐레벌떡, 헐헐, 헐떡헐떡, 씨근덕씨근덕, 씨근씨근, 씩씩, 쌕쌕...'(21)

⑨ 입을 다시는 모양 : '합죽합죽, 쩝쩝'(2)

⑩ 몰리는 모양 : '우, 우우, 와, 와와'(4)

웃는 모양이 소리를 수반하는 모양흉내말은 137개다. 이것에 몸

---

7 박동근(2000 163-187)에서는 '방글 : 방그레' 등의 음절 확장형에서 '-(으)레' 파생은 '동작성'을 '상태 지속'으로 바꾸는 기능을 한다고 보아서 두 꼴의 형태 차이를 설명한다.

의 움직임에 소리를 수반하는 모양흉내말을 합치면 전체 낱말 수는 201개다.

마지막으로 '맥박'이나 '심장'이 뛰는 모양이 소리를 수반하는 모양흉내말의 보기들이다.

(15) ㄱ. 급하게 뛰면 맥박이 <u>발딱발딱</u> 뛰게 된다.

ㄴ. 갓난아이가 더운지 심장이 <u>할랑할랑</u> 뛰고 있다.

〈맥박이나 심장이 뛰는 모양〉

① 맥박이 뛰는 모양 : '발딱발딱, 벌떡벌떡, 빨딱빨딱, 뻘떡뻘떡'(4)

② 심장이 뛰는 모양 : '발딱발딱, 벌떡벌떡, 할랑할랑, 후둑후둑, 활랑활랑, 빨딱빨딱, 뻘떡뻘떡'(7)

맥박이나 심장의 움직임을 나타내는 모양흉내말은 11개다.

지금까지 모양흉내말이 소리로까지 감각 전이가 일어나서 확장되어 쓰이는 보기들에 대해서 살펴보았는데, 이들을 정리하면 다음과 같다.

〈표 3〉 시각이 청각과 겹치는 모양흉내말

모양흉내말	입	몸	손	발	심박 · 심장
낱말 수	227	201	151	43	11
합계	633				

5.2.2.2. [촉각 → 시각][8]

촉각은 일반적인 공감각 은유에서도 가장 근원적인 체험에 해당하므로 단지 공급자의 역할을 한다. 그래서 미각과 함께 우리의 체험에서 기본적이며 근원적이라고 볼 수 있다(김중현 2001:36). 모양흉내말 가운데는 어떤 동작이나 상태에서 오는 느낌과 관련된 표현이 있다. 이들 모양흉내말들은 본래는 촉각에서 출발했겠지만 시각으로 확장된 보기들이다.

(16) ㄱ. 눈길이 <u>선뜻</u> 스치고 지나간다.

ㄴ. 피부가 <u>까칠까칠</u> 말라 있다.

(16)의 모양흉내말 '선뜻, 까칠까칠'은 본래는 촉각에서 온 표현들로 볼 수 있다. 그런데 이들 흉내말은 시각적인 표현으로도 해석이 되어서, 촉각과 시각의 경계가 분명하지 않음을 알 수 있다. 이 꼴에

---

8 촉각은 미각과 청각으로 확장되기도 하는데, 먼저 [촉각→미각], 다음 [촉각→청각]의 순서로 살펴보면, 1) [촉각→미각]은 신체기관에서 하는 먹는 행위 가운데 맛을 수반하는 보기를 들 수 있다.

ㄱ. 석류 알이 <u>아릿아릿</u> 씹힌다.
ㄴ. 뼈가 <u>시큰시큰</u> 쑤셔 온다.

ㄱ은 '입'과 관련된 동작으로서 '비릿비릿, 시금시금, 시쿰시쿰, 새곰새곰, 새금새금, 새큼새큼, 뿌덕뿌덕, 얼근얼근'(8)을 들 수 있고, ㄴ은 뼈나 몸 전체와 관련된 표현으로서 '시근시근, 시금시금, 시큰시큰, 시큼시큼, 새근새근, 새큰새큰'(6) 등을 들 수 있는데, 이들도 촉각과 미각이 겹친다. 2) [촉각→청각]은 입과 관련된 움직임은 무엇이 씹히는 것 같은 느낌이 소리로 확대되는 양상으로서 '살강살강, 설겅설겅, 설컹설컹, 쌀캉쌀캉, 썰컹썰컹'(5) 등이 있다.

해당하는 흉내말들은 '손과 관련된 흉내말', 그 밖에 '몸으로 느끼는 느낌과 관련된 흉내말(온도와 관련된 흉내말 포함)' 등을 들 수 있다. 먼저 손동작과 관련된 모양흉내말부터 살피기로 한다.

(17) ㄱ. 소녀가 옷을 <u>만지작만지작</u> 만지고 있다.

　　　ㄴ. 어머니가 부엌에서 밀가루 반죽을 <u>주무럭주무럭</u> 주무르고 계신다.

(17)의 '만지작만지작', '주무럭주무럭'은 손동작으로서 촉각과 관련된 표현들이지만 동시에 시각적인 표현으로 감각 전이가 일어나서 '촉각의 시각화'로 확대된 표현들이다. 이에 해당하는 다른 표현들을 보면, 먼저 손동작 가운데 만지거나 더듬는 모양은 '더듬더듬, 더듬적더듬적, 만지작만지작, 훔치적훔치적...'(6), 손으로 주무르거나 이기는 모양을 나타내는 모양은 '벌컥벌컥, 불걱불걱, 조물락조물락, 조무락조무락, 주무럭주무럭...'(13) 등으로서 모두 19개를 들 수 있다.

다음 몸 전체로 느끼는 표현들은 여러 방식으로 다양하게 나타난다.

먼저 몸 전체로 느끼는 촉각적인 표현이 시각적인 표현과 겹치는 모양흉내말로서, 사느란(서느런) 느낌을 받는 모양은 '산득, 산득산득, 산뜩, 선득, 선뜩...'(8), 깔끄럽거나 깔끄러운 느낌이 있는 모양은 '가칫가칫, 까칠까칠, 까끌까끌, 꺼슬꺼슬, 꺼칫꺼칫, 꺼끌꺼끌, 껄쭉껄쭉'(7) 등으로서 15개를 들 수 있다. 다음도 몸 전체로 느끼는 촉각적인 표현인데, 이것에 사람의 감정까지 실리는 표현을 들 수 있다. 감정이 두렵거나 징그럽거나 호젓한 모양은 '섬뜩섬뜩, 주뼛, 지긋지긋, 쭈뼛, 오싹, 으쓱...'(11), 자릿한 모양은 '자르르, 지르르, 짜르르, 찌르르'(4), 아픈 모양은 '시름시름, 자글자글, 자릿자릿, 지끈지끈, 저릿저릿, 지근지근, 지끈지끈, 펄펄, 깔끔깔끔, 낑낑, 따끔따끔, 쌀쌀, 짜릿짜릿, 찌릿찌릿, 옥신옥신, 우럭우럭, 욱신욱신...'(23), 간지럽거나 근지러운 느낌이 나는 모양은 '간질간질, 근질근질, 사물사물, 서물서물, 스멀스멀'(6) 등의 44개를 들 수 있다.

다음은 몸 상태나 몸동작의 어떠함을 보이는 모양흉내말인데 촉각으로도 해석된다.

    (18) ㄱ. 이마에 땀이 <u>송골송골</u> 맺혀 있다.

        ㄴ. 그가 <u>뻔들뻔들</u> 웃으며 서 있다.

땀이 돋아나거나 흐르는 모양은 '바작바작, 송골송골, 송글송글, 송송, 송알송알, 숭숭, 철철...'(13) 뻔뻔스러운 모양은 '번들번들, 번질번질, 빤들빤들, 뻔들뻔들, 언죽번죽, 유들유들...'(8), 약빠른 모양은 '반들반들, 번들번들, 팔랑팔랑, 빤들빤들, 뻔들뻔들'(5) 등 26개의 낱말들을 들 수 있다. 지금까지 몸과 관련된 모양흉내말은 85개이다.

성질의 어떠함도 촉각적으로 표현할 수도 있는데, 이들도 시각적으로 해석된다.

(19) 아이가 현관에서 <u>뾰통뾰통</u> 서 있다.

(19)의 '뾰통뾰통'은 성질이 변덕스러운 모양을 촉각적으로 나타낸 표현이지만 시각적으로도 해석되는 모양흉내말이다. 이와 비슷한 보기들을 더 들면 '매끌매끌, 바그르르, 뾰통뾰통, 올똑볼똑, 올똑올똑...'(8) 등이 있는데, 이들은 사물의 표면과 관련하여 촉각적으로 나타낸 표현이다.

온도도 몸 전체로 느끼기 때문에 촉각과 관련이 있는데 이것도 시각적으로 해석 가능하다.

(20) ㄱ. 피부에 찬바람이 <u>으스스</u> 닿았다.

　　 ㄴ. 나는 <u>오싹</u> 추위를 느꼈다.

(20)의 '으스스', '오싹'은 온도와 관련된 모양흉내말로서 차가운 온도와 관련된 낱말이다. 이에 해당하는 다른 모양흉내말을 살펴보면 차갑거나 추운 모양으로서 '아스스, 아슬아슬, 아쓱, 오삭오삭, 오소소, 오스스, 오슬오슬, 오싹오싹, 으슬으슬, 으쓱, 으쓱으쓱' 등 13개를 들 수 있다.

지금까지 살펴본 '촉각의 시각화'는 손동작이 13개, 몸동작이나 몸 상태를 나타내는 낱말은 109개로서, 모두 합치면 125개로 나타난다. 앞의 '청각의 시각화'의 낱말 수가 633개인데 비해서 낱말 수는 상대적으로 적은 편이다.

〈표 4〉 시각이 촉각과 겹치는 모양흉내말

모양흉내말	손	몸	성질	온도
낱말 수	19	85	8	13
합계	125			

　지금까지 모양흉내말 가운데 사람과 관련된 표현들은 도상성의 특징이 있다고 보고, 이 낱말들을 대상으로 하여 감각 가운데 하나가 시각으로 확장된 보기를 찾아보았다. 모양흉내말은 시각이 중심이므로 '청각 → 시각', '촉각 → 시각'의 두 유형으로 나타났다. 이를 감각 전이에 의한 공감각이라고 하고, 이를 통하여 우리 머릿속의 개념 구조 일부를 밝혀 보고자 했다. 지금까지 논의된 모양흉내말의 주요 내용을 정리하면 다음과 같다.

　첫째, 시각과 청각은 감각의 원형으로 볼 수 있어서 어느 것이 더 원형인지는 밝히기가 쉽지는 않지만, 우리가 사물을 인지할 때는 시각과 청각이 원형이라고 볼 수 있다. 흉내말은 이 두 범주에 걸쳐 있기 때문에 소리흉내말과 모양흉내말이 같은 꼴로 실현되기도 한다. 그래서 우리말에서 흉내말은 이 두 가지로 분류하고 있다.

　둘째, 촉각은 시각으로 확장되기도 한다. 그런데 촉각과 시각이 겹치는 낱말 수(125)는 청각과 시각이 겹치는 낱말 수(603)보다 적은 것으로 나타난다. 이로 볼 때 모양흉내말의 경우 사람의 신체와 관련된 표현에서 시각과 관련성이 가장 많은 감각은 청각, 다음은 촉각으로서 '청각〉촉각'의 순서로 나타난다. 이로 볼 때 우리 머릿속에서 시각은 청각과 가장 가깝게, 다음으로 촉각과 인접하여 자리하고 있음을 추론할 수 있다.

이 장의 논의는 [우리말 의성·의태어 분류 사전]을 최대한 계량적으로 접근하고자 시도하였다. 그러나 이것은 사전을 분석한 것으로서 일반적인 언어 사용과는 다를 수가 있고, 또 모양흉내말 가운데 사람과 관련된 것만을 대상으로 하였으므로 그 범위가 제한적이어서 일반적인 언어 현상으로 보기는 어렵다. 앞으로 동물이나 식물과 관련된 모양흉내말에 나타나는 감각의 전이도 함께 연구하여 감각끼리의 관련성이 더 체계화된다면 사람의 머릿속 신비를 밝히는 데 한 걸음씩 나아갈 수 있을 것으로 본다.

개념화와
의미 해석

제6장

움직씨 '보다'의 연구
− 시각 움직씨와 인지 움직씨로서의 특성을 중심으로 −

'보다'의 연구는 으뜸풀이씨와 도움풀이씨의 연구로 크게 나누어 진다. 먼저 으뜸풀이씨로서 '보다'는 어휘적인 뜻(lexical meaning)을 지니는 것으로서, 본래 시각 움직씨에서 출발해서 인지 움직씨로 확장되었다고 볼 수 있다. 그런데 시각 움직씨와 인지 움직씨로서 '보다'가 의미만 달라지는 것이 아니라 통사 구조도 달라지는 것으로 예측된다. 따라서 이 글에서는 시각 움직씨로서의 '보다'가 인지 움직씨로 확장됨으로써 '보다'의 특성이 의미적·통사적인 관점에서 어떻게 바뀌는지를 밝혀보고자 한다. 동시에 이 연구는 시각 움직씨와 인지 움직씨의 월에서 의미 구조와 통사 구조가 유연성(motivation)이 있음을 밝히게 될 것이다. 이 현상은 언어 표현도 사고가 복잡해짐으로써 통사 구조도 다양해진다는 것으로서, 보이지 않는 인지 구조와 보이는 형태 구조의 관련성을 보일 것이다.

이를 위한 방법으로서 '보다'의 특성을 의미적인 면과 통사적인 면으로 나누기로 한다. 먼저 의미적인 특성은 먼저 시각 움직씨와 청각 움직씨의 의미적 관련성과 시각 움직씨에서 인지 움직씨로 의미가 확장됨을 통하여 시각 움직씨와 인지 움직씨와의 의미적 관련성을 밝힌다. 다음 인지 움직씨로서 '보다'의 명제적 특성을 통하여 '보다'의 의미적 특성을 살핀다.

다음 통사적 특성은 홑월과 겹월로 나누어서, '보다'를 꾸미는 어찌말의 특성과 '보다'를 중심으로 하여 이 풀이말 앞에 오는 다른 이름씨항과의 구조 관계를 통하여 밝히고자 한다.

'보다'의 연구는 그동안 으뜸풀이씨 보다는 도움풀이씨에 관한 연구가 많이 이루어져 왔다. 곧 도움풀이씨로서 '보다'를 중심으로 한 문법적인 뜻(grammatical meaning)을 밝힌 연구를 보면 '보다'는 '추측, 시행, 시험, 짐작'의 뜻을 갖는 것으로 나타나는데, 이는 으뜸풀이씨에도 찾아볼 수 있다'. 으뜸풀이씨로서 '보다'는 시각 움직씨라는 점에서 원형을 찾을 수 있고, 이에서 확장되어 인지 움직씨로 확

---

1 도움풀이씨로서 '보다'를 중심으로 한 문법적인 뜻을 밝힌 연구를 들면, 최현배(1982:402)는 움직씨와 그림씨로 나누어서, 도움움직씨는 해보기 도움움직씨(시행 도움움직씨), 도움그림씨의 경우는 (1982:532-534) 미룸 도움그림씨(추측 도움그림씨)로 설명했다. 최근에는 호광수(2003:50-51)는 1차적 의미로서 '-아/어 보다, -고 보다, -다(가) 보다'는 시행, '-나 보다, -ㄴ(은,는)가 보다, -(ㄹ)려나 보다, -(으)ㄹ까 보다'는 '추측'의 문법적 뜻이 있음을, 2차적 의미로서 '-아/어 보다'는 '경험', '-고 보다'는 '결과', '-다(가) 보다'는 '지속', '-(으)ㄹ까 보다'는 '의지'의 뜻을 갖는다고 밝히고 있다. 고영근·구본관(2008:102)은 시행의 의미를 갖는 도움움직씨로서는 '(-어/아) 보다', 짐작의 의미를 갖는 도움움직씨로는 '(-어/아) 보이다', 양태와 관련되는 것들(2008:104)로서는 추측의 의미를 갖는 도움그림씨 '(-ㄴ가, -는가,-나) 보다'를 들고 있다.

장되면 '추측'의 뜻이 있음이 확인된다². 이는 으뜸풀이씨가 시각 움직씨에서 인지 움직씨로 확대됨에 따라서 '추측'의 뜻이 생긴 다음, 도움풀이씨에도 영향을 미쳐 '추측'의 뜻이 남아 있다고 해석해 볼수 있다.

그럼 이 글에서는 으뜸풀이씨로서 '보다'를 대상으로 하여, 시각 움직씨에서 인지 움직씨로 확장됨에 따라 두 '보다'가 의미·통사적으로 어떻게 달라지는가를 밝힌 다음, '보다'의 의미 구조와 통사 구조가 유연성이 있음을 밝히고자 한다.

6.1. 움직씨 '보다'의 의미론적 특성

6.1.1. 시각 움직씨와 청각 움직씨의 의미적 관련성

일반적으로 감각(sensation)은 지각(perception)의 전 단계에 해당한다. 보기 들면 '덥다'라는 지각은 손이나 몸 같은 신체를 통한 촉각이라는 감각에 의해서 실현된다. 그래서 감각은 외부 세상의 본뜨기에 대한 등록을 포함하는 데 반해, 지각은 그것이 무엇을 의미하는지 해석하는 방식을 포함한다고 정의할 수 있다. 그러므로 지각은 감각이 탐지한 것에 대해 의미를 붙이는 과정(이재식 옮김 2009:99)이라고 볼 수 있다. 그래서 감각은 일차적으로 감각 기관의 구조와

---

2 으뜸풀이씨로서 '보다'의 연구는 한국어 교육에서 어휘 습득을 위한 움직씨의 활용이 주류를 이루고 있다.

생리적 활동, 그리고 일반적인 감각 수용기의 활동과 관련되어 있다고 본다.

지각은 시각, 청각, 후각, 미각, 촉각이라는 오각이라는 감각을 통해서 보고, 듣고, 냄새 맡고, 맛보고, 느끼는 행위이다. 이 가운데 '시각(vision)'은 '감각'의 한 종류로서 감각은 상위어, 시각은 하위어로서 상하관계를 이룬다.

또한 시각은 청각과 관련이 많아서 두 감각의 공감각 표현이 시 같은 문학 작품에서 쉽게 찾을 수 있다.

(1) 흩어지는 푸른 종소리

위 시는 김광균 시 '와사등'의 한 구절인데, '종소리'라는 청각을 '흩어지는 푸른'이라는 시각으로 바꾼 것으로서 청각의 시각화가 일어난 공감각 표현이다. S. Ullmann도 공감각의 확장 방향을 '촉각 → 온각 → 미각 → 후각 → 청각 → 시각'으로 보는데, 낮은 차원의 감각에서 더 높은 차원의 감각으로 이행된다고 본 것이고(남성우 옮김 1979: 286-315), J. M. Williams(1976:463)도 시각과 청각이 고차원의 단계에서 밀접한 관련성이 있음을 밝힌 바 있다(이수련 2009:192).

시각과 청각의 관련성은 일상 언어에서도 찾아볼 수 있다.

(2) 지금 태국은 홍수 때문에 시끄럽다고 본다.

(2)는 일상 언어로서 '시끄럽다'라는 청각이 '보다'로 시각화되고

있는 표현으로 해석된다.

이처럼 시각과 청각은 문학뿐만 아니라 일상 언어에서도 관련성을 찾을 수 있는데, 의미 확장의 경우도 청각 움직씨는 시각 움직씨와 비슷한 양상으로 나타난다. 곧 청각 움직씨에서 인지 움직씨로 확장되는 양상을 보인다. 그럼 청각 움직씨의 경우는 '듣다'를 중심으로 인지 움직씨 '보다'와의 관련성을 살피기로 한다.

(3) ㄱ. 내가 어젯밤에 빗소리를 들었다.

　　 ㄴ. 중국은 영토 확장에 대한 야망이 크다고 듣고 있다.

(3)은 모두 '듣다'가 온 표현이지만, (3ㄱ)은 청각 움직씨이고 (3ㄴ)은 인지 움직씨로서 후자는 '평가되다'로 바꾸어 볼 수 있다.

(4) 중국은 영토 확장에 대한 야망이 크다고 {듣고 있다 → 평가되고 있다.}

(4)는 완전 동의월은 아니지만, 문맥에 따라서는 '듣고 있다'가 '평가되고 있다'로 치환이 가능하므로 이때 '듣다'도 인지 움직씨로 해석된다.

지금까지 시각 움직씨와 청각 움직씨가 단순한 지각 움직씨에서 인지 움직씨로 확장되는 양상을 보았는데, 나머지 지각인 미각, 후각, 촉각도 비슷한 양상을 보인다.

(5)　ㄱ. 나는 어린 나이에 인생의 쓴맛을 맛보았다.

　　　ㄴ. 형사는 그가 범인임을 냄새 맡았다.

　　　ㄷ. 그녀는 나라의 최고 권력자를 마음대로 주무르고 있다.

(5)에서는 미각 움직씨인 '맛보다'는 '경험하다', 후각 움직씨인 '냄새 맡다'는 '눈치 채다', 촉각 움직씨인 '주무르다'는 '상대방을 마음대로 다루다'처럼 모두 인지 움직씨로 해석이 된다. 그러므로 (5)의 '맛보다', '냄새 맡다', '주무르다'는 모두 감각 움직씨에서 인지 움직씨로 확장되었다는 공통점을 찾을 수 있다.

또한 '보다'와 '듣다'는 감각 움직씨에서 인지 움직씨로 확장되어 치환이 가능할 때도 있다.[3]

(6)　ㄱ. 나는 삼성을 좋게 보았다

　　　ㄴ. 나는 삼성을 좋게 들었다.

(6)의 '보다'와 '듣다'가 인지 움직씨로 해석될 경우 둘은 치환이 가능하다. 그런데 (6ㄱ)은 '판단하다'로 바꿀 수 있지만 (6ㄴ)의 '듣다'는 어색하다. 이 '판단하다'는 어떤 사태의 상황을 이해한 다음, 그것에 대한 결정을 포함하는 강력한 의미를 담고 있다. 그런데 (6ㄱ)은 '판단하다'로 비꿀 수 있지만 (6ㄴ)의 '듣다'는 어색하다.

---

3 거리는 객관성이나 사유와 결부되고, 근접은 주관성, 친밀성, 정서와 결부된다. 시각과 청각은 대상과 먼 감각이고, 미각과 촉각은 감각 대상과 실제로 접촉하는 것을 필요로 한다(E.E. Sweetser 1990:61).

(6)' ㄱ. 나는 삼성을 좋게 {보았다 → 판단했다}.

ㄴ. 나는 삼성을 좋게 {들었다 → [?]판단했다}.

(6'ㄱ) '보다'는 '판단하다'로 바꿀 수 있지만, (6'ㄴ)의 '듣다'는 '판단하다'로 바꾸면 어색하다. 이것은 '보다'의 경우 말할이가 직접 확인한 내용이기 때문에 '판단하다'로 치환이 가능하지만, '듣다'는 간접적으로 알게 되었음을 전제로 하기 때문에 '판단하다'로 바꾸면 어색하다. 이런 현상은 안은월의 경우도 마찬가지다.

(7) ㄱ. 지금 미국은 경제가 어렵다고 보고 있다.

ㄴ. 지금 미국은 경제가 어렵다고 듣고 있다.

(7)은 모두 [지금 미국은 경제가 어렵다.]라는 안긴 마디를 내포하는 안은월인데 임자말은 생략되어 있다. 그런데 (7ㄱ)은 주체가 직접적으로 확인하여 추론하는 내용이라면, (7ㄴ)은 주체가 뉴스나 다른 사람을 통해서 들은 내용을 토대로 간접적으로 추론하는 내용이다. 그러므로 '보다'의 주체가 대상이나 사태를 받아들일 때, '듣다'에 비해서 말할이가 더 직접 확인하여 인지한다는 점에서는 차이를 찾을 수 있다.

6.1.2. 시각 움직씨와 인지 움직씨로서 '보다'의 의미 확장 양상

이 장에서는 가장 고차원에 속하는 지각이면서 우리 일상 언어에

167

서 가장 가까운 지각인 시각을 나타내는 움직씨 '보다'를 중심으로 하여 이 시각 움직씨와 인지 움직씨의 의미적인 관련성을 구체적으로 밝히고자 한다.

본래 '보다'는 대상을 지각하는 시지각(visual perception) 움직씨이다. 그런데 이 시지각 움직씨에서 명제에 대한 말할이의 생각이나 판단을 내포하는 인지 움직씨로 확장된다[4]고 볼 수 있다.

본래 낱말은 구체적인 뜻에서 추상적인 뜻으로 확장됨으로써 추상화가 일어나는데 의미의 확장은 이 유형에 속하는 것들이 많다. 이는 공간적 지식(spatial knowledge)에 토대로 한 것으로서, 이는 심상으로 저장될 수 있는 공간적 관계에 관한 지식(박권생 옮김 2007: 214)에서 기인한다.

(8) ㄱ. 나는 그림을 본다.

ㄴ. 우리는 영국 사람을 신사로 본다.

(8ㄱ)의 '보다'는 남움직씨로서 시각 행위의 대상인 '그림'을 본다는 뜻으로서 시지각 움직씨이다. 그런데 (8ㄴ)의 '보다'는 대상인 '영국 사람'을 '신사'로 '판단하다', '여기다'로 해석 가능하므로 이때의 '보다'는 인지 움직씨로 볼 수 있다[5]. 이 때 '인지(cognition)'란 정신

---

4 영화 아바타에서는 'I see you.'라는 대사가 나오는데, 이때 'see'는 '사랑한다'라는 뜻으로 해석된다. 영어에서도 'see'가 시각 움직씨로서 '보다'가 인지 움직씨 '사랑하다'로 확장되었음을 알 수 있다.

5 변정민(2005:64)은 인지 움직씨의 보기로서 '보다, 여기다' 밖에 '가정하다, 깨닫다, 사고하다, 알다, 추측하다, 이해하다, …' 따위를 보기들로 들고 있다. 또한 변정

적 처리과정(mental process)으로서, 임지룡(1997:14)에서는 '인지란 지각한 내용에다 주체적 해석을 부여한 것을 말한다.' 이 글에서는 이러한 인지 과정을 나타내는 움직씨류를 인지 움직씨라고 부르고, 이것은 '인간이 심리적으로 받아들이는 일련의 사태 파악이나 사물에 대한 인식 등에 대하여 이를 언어로 표현하는 언어 형식(변정민 2005:55)'을 일컫는다.

    (9) ㄱ. 나는 그림을 {*판단하다/*여기다}.
        ㄴ. 우리는 영국 사람을 신사로 {판단하다/여기다}.

'보다'를 '판단하다', '여기다'로 바꾸어 보았을 때, (9ㄱ)은 모두 성립하지 않지만 (9ㄴ)은 모두 성립한다. 전자처럼 '판단하다', '여기다'가 성립하지 않으면 시각 움직씨, 후자처럼 모두 성립하면 인지 움직씨로 볼 수 있다.
  그런데 시각과 인지 움직씨의 중간 단계 정도로 해석되는 보기들도 있다. '보다'가 구체물을 보는 단계에서 대상물이 시간화로 추상화되어 확대되는 보기가 이에 해당한다.

    (10) ㄱ. 너의 장래를 보고 결정하마.
        ㄴ. 그 회사의 미래를 보고, 투자를 했다.

민(2005:64)은 '보다'의 주된 의미는 시각적 특성이지만, 감각에서 인지까지 영역의 쓰임이 넓기에 인지의 의미를 지니는 경우, 인지 움직씨의 영역에 포함할 수 있다고 본다.

(10)은 말할이가 대상물 '장래', '미래'를 본다는 표현으로서, '시간'을 본다는 표현은 그 대상이 구체물에서 시간이라는 추상물로 확장된 것이다. 그러므로 (10)은 추상적인 시간을 지각하여 시각화하는 표현이므로 '시간의 시각화'로 부를 수 있고, 이는 달리 말하면 '추상물의 시각화'라고도 볼 수 있다. 이때 '시간의 시각화'에 오는 '보다'는 '시간'이 추상물이므로 시각 움직씨가 아니지만 그렇다고 이때의 '보다'를 인지 움직씨로 보기도 어렵다. 이 또한 (10)의 '보다'를 '판단하다', '여기다'로 바꾸어 보기로 한다.

(11) ㄱ. 너의 장래를 {판단하고/*여기고} 결정하마.

ㄴ. 그 회사의 미래를 {판단하고/*여기고}, 투자를 했다.

(11)은 '보다'를 '판단하다', '여기다'로 바꾸어 보았는데, '판단하다'는 가능하지만 '여기다'는 비문이다. 이 경우 '판단하다', '여기다'가 다 성립하면 인지 움직씨이지만, (11)처럼 '판단하다'는 성립하지만 '여기다'로 치환이 되지 않으면 시각 움직씨와 인지 움직씨의 중간 단계 정도에 해당한다고 볼 수 있다. 그러므로 시간과 관련된 '보다'는 시각과 인지 움직씨의 중간 단계로서, 시각 · 인지 움직씨에 해당한다.

지금까지 시각 움직씨 '보다'가 인지 움직씨로 확장되는데, 또한 중간 단계로서 시각 · 인지 움직씨를 설정할 수 있음을 살펴보았다.

6.1.3. 인지 움직씨로서 '보다'의 명제적 특성

사람은 눈으로써 구체적인 사물을 보고, 그것이 무엇인지 파악하는 단계에서 대상과 관련된 어떤 사태에 대한 판단으로 확장해서 인지한다. '보다'도 그 대상이 구체물에서 추상물로 확장되었다고 볼수 있다. 따라서 이 인지 움직씨가 취하는 대상은 명제로 형태가 확장되므로, 이 명제가 성립하는 특성을 알아봄으로써 인지 움직씨로서 '보다' 월의 의미론적 특성을 밝혀 보고자 한다.

첫째, 인지 움직씨로서 '보다'는 명제에 안긴 마디를 취함으로써 확장되는데, 이때 말할이는 '보다'가 취하는 안긴 마디의 내용을 추측한다는 점이다. 이 '추측'은 '보다'가 문법화된 도움풀이씨에도 나타난다(이 장 '들어가기'의 도움풀이씨 연구 참조). 그러므로 명제에 오는 내용은 확실치 않다는 특성이 있는데, 이 명제 내용도 객관적인 것과 주관적인 내용으로 나누어 볼 수 있다. 먼저 객관적인 명제가 오는 보기부터 살펴보기로 한다.

(12) ㄱ. 철수는 학교에 있다고 본다.

ㄴ. 그는 회사원이라고 본다.

(12) 두 표현에 오는 명제인 [철수는 학교에 있다.], [그는 회사원이다.]는 불확실한 사태로 기술되어 있지만 객관적인 판단으로 진위가 가려질 수 있는 객관적인 명제이다. 이때 풀이말 '보다'에 오는 명제의 때매김에도 제약은 없다.

(13) ㄱ. 지금 밖에 눈이 온다고 본다.

　　　ㄴ. 그때 서울에 눈이 왔다고 본다.

(13ㄱ)은 안긴 마디 [지금 밖에 눈이 온다.]는 현재에서 하는 추측이고, (13ㄴ)은 안긴 마디 [그때 서울에 눈이 왔다.]는 현재의 시점에서 하는 과거 추측이다. 또한 '보다'는 미래에 대한 추측도 가능하다.

(14) ㄱ. 내일은 추위가 풀릴 것으로 본다.

　　　ㄴ. 다음은 우리 차례가 될 것으로 본다.

(14)는 아직 이루어지지 않은 명제, [내일은 추위가 풀릴 것], [다음은 우리 차례가 될 것]과 같은 명제에 대한 추측을 실현한다. 지금까지로 볼 때 '보다'는 과거, 현재, 미래의 추측이 모두 다 가능하며, 이때 명제는 불확실한 사태가 온다는 특성을 들 수 있다. 따라서 인지 움직씨로서 '보다'의 명제적 특징은 [[객관적 명제]+추측]]으로 도식화가 가능하다.

다음 인지 움직씨로서 '보다' 월의 명제에 주관적인 추론이 오는 보기들이다.

(15) ㄱ. 그 일은 야당이 잘못했다고 본다.

　　　ㄴ. 국가가 손해 배상을 해야 한다고 본다.

앞의 (12-14) 보기들은 객관적 사태에 대한 말할이의 추측이라면,

예문 (15)는 어떤 사태에 대한 말할이의 주관적인 판단이나 주장을 담고 있으므로, 다음처럼 해석할 수 있다.

> (16) ㄱ. [그 일은 야당이 잘못했다.]고 본다]
>
> ㄴ. [국가가 손해 배상을 해야 한다.]고 본다]

위 두 월에서 (16ㄱ) [야당이 잘못했다.]는 말할이의 판단, (16ㄴ) [국가가 손해 배상을 해야 한다]는 당위적인 표현 등으로서 명제 내용에 대한 말할이의 주장이 들어있는 주관적인 명제로 해석 가능하다. 곧 명제는 주관적인 판단이나 주장을 요구하는 사태로서 말할이는 이를 추론하는 것이므로, 위 월은 [[주관적 명제]+추론]]으로 도식화할 수 있다. 추론은 추측과 비슷하지만, 추측은 객관적 명제에 대해서 말할이가 미루어 판단하는 것이라면, 추론은 주관적 명제에 대해서 자기의 판단이나 주장을 들어서 더 논리적으로 접근하는 것을 추론이라고 해서 구별하기로 한다. 이에 따라서 '보다'에 오는 명제는 객관적 추측뿐만 아니라 주관적 추론(epistemic inference)으로 확대되는 특성을 보인다[6]

둘째, 상위 움직씨인 '보다'가 완료상으로 실현될 때는 그 명제의 반대 사태가 참이 되기도 한다.

---

[6] 추론은 아이디어들 간 관계가 진술되지 않았을 때, 그 관계를 수립하는 인지 과정 (박권생 옮김 2007:404)이며, '추론'이란 옳다고 상정되는 기존의 지식을 이용하여 새로운 지식을 이끌어내는 절차이다. … 추론에는 연역적 추론, 귀납적 추론, 사례 바탕 추론, 가설 추론, 퍼지 추론 등의 종류가 있다(임지룡 외 3인 공저 2004:228)고 볼 수 있다.

(17) ㄱ. 딸이 대학에 합격할 것으로 보았다.

ㄴ. 대통령이 부산에 올 것으로 보았다.

(17)의 두 명제는 이루어지지 않은 사태들로서, (17ㄱ)은 명제인 [딸이 대학에 합격하다.], (17ㄴ) [대통령이 부산에 오다.]는 거짓 (false)으로서, 두 월은 명제에 대한 반대 사실이 참(truth)이 된다. 그러므로 아래의 명제 둘은 모두 참이다.

(18) ㄱ. [딸이 대학에 불합격했다.]

ㄴ. [대통령이 부산에 오지 않았다.]

그런데 '보았다'를 '보다'로 바꾸어 보면 명제는 사태의 반대가 아니라, 앞에서 살펴본 어떤 사실에 대한 말할이의 추측으로 나타난다.

(19) ㄱ. 딸이 대학에 합격할 것으로 본다.

ㄴ. 대통령이 부산에 올 것으로 본다.

(19)는 현재형 '보다'가 와서 불확실한 사태를 객관적으로 추측하는 내용으로 바뀐다.

지금까지 인지 움직씨에 오는 명제의 의미적 특성을 살펴보았는데, 인지 움직씨로서 '보다'가 현재형으로 실현될 때는 월의 명제에 대해서 추측 또는 추론하는 내용이고, 그렇지 않고 완료상으로 실현되는 경우에는 그 명제와 반대의 뜻을 실현한다.

6.2. 시각 움직씨와 인지 움직씨의 통사적 차이

6.2.1. 어찌말의 차이

'보다'가 시각 움직씨와 인지 움직씨로 실현되는 경우, '보다'를 꾸미는 어찌말의 특성이 다르게 나타난다. 다음은 '보다' 월에 어찌말이 온 보기들이다.

(20) ㄱ. 이 집은 거실이 넓게 보인다.

ㄴ. 나는 그를 착하게 본다.

(20ㄱ)의 '보다'는 말할이가 구체물인 거실을 바라보는 표현이므로 시각 움직씨이고[7], (20ㄴ)의 '보다'는 '판단하다', '여기다'로 치환

---

[7] 먼저 '보다'의 사전적 의미를 보기로 한다. [민중 대사전] '보다'는 5개의 품사로 나타나는데, 타움직씨, 도움움직씨, 도움그림씨, 어찌씨, 토씨 따위이다. 이 글에서는 남움직씨인 보다 1을 대상으로 한다.
보다1 【남움직씨】
1. 사물의 모양을 눈을 통하여 알다. / 2. 알려고 두루 살피다. / 3. 구경하다. 눈으로 즐기거나 감상하다. / 4. 보살피어 지키다. / 5. 일을 맡아서 하거나 처리하다. / 6. 누려서 가지다. / 7. 시험을 치르다. / 8. 팔거나 사려고 장으로 가다. / 9. 값을 부르다 / 10. 똥·오줌을 누다. / 11. 몸소 당하다. / 12 참고 기다리다. / 13 좋은 때를 만나다. /14 자손을 낳거나 며느리·사위를 얻어 들이다. /15 남의 계집이나 사내를 몰래 사귀다. /16 음식상이나 잠자리를 채비하다. /17 운수 등을 점치다. /18 어떤 목적 아래 만나다. /19 어떤 결과에 이르다.
보다2 【도움움직씨】
1. 움직씨 씨끝 '—어'·'—아'·'—여' 뒤에서 시험 삼아 하는 뜻을 나타내는 말.
2. ('보았자'·'보았댔자'의 꼴로 쓰여) 별수 없다는 뜻을 나타내는 말.
보다3 【도움그림씨】 형용사나 움직씨의 씨끝 '—ㄴ가'·'—는가'·'—ㄹ까'·'—을까' 등의 뒤에서 추측이나 막연한 제 의향을 나타내는 말.

이 가능한 인지 움직씨이다. 그런데 이 두 표현은 모두 어찌말 '넓게', '착하게'의 수식을 받고 있고, 이들 어찌말들은 본래 그림씨 어근에 어찌꼴씨끝 '-게'가 와서 된 어형들이다.

그런데 위 두 표현에 오는 그림씨의 의미적인 특징이 다르기 때문에, 이 장에서는 어찌말의 특성을 통해서 시각 움직씨와 인지 움직씨의 차이를 밝혀보기로 한다.

먼저 시각 움직씨로서 '보다'의 앞에 오는 어찌말의 특징을 찾아보기로 한다.

(21) ㄱ. 가을 하늘이 높게 보인다.

ㄴ. 이 집은 거실이 넓게 보인다.

(21)은 시각 움직씨를 꾸미는 어찌말 '높게', '넓게'는 본래 그림씨 '높다', '넓다'의 어찌꼴들로서, 이들은 척도 그림씨에 해당한다. 척도 그림씨란 사물의 외형적 상태가 어떠함을 나타내는 특징이 있는데, 이들의 또 다른 보기로는 '넓다/좁다', '길다/짧다', '크다/작다', '많다/적다', '두껍다/가볍다', '빠르다/느리다', '세다/여리다' 따위를 들 수 있다[8]. 그러므로 척도 그림씨에서 온 어찌꼴은 시각적으로 대상의 외형적 상태를 꾸미게 되고, 이 어찌말의 꾸밈을 받는 '보다'는 시각 움직씨로 분류된다. 왜냐하면 이 어찌말은 구체적 사물이 어떻

보다4 【어찌씨】 한층 더.

보다5 【토씨】 체언 뒤에 붙어서 둘을 비교할 때 쓰는 부사격 토씨.

8 임지룡(1992:111-115)에서는 척도 그림씨를 공간 감각어라고도 부른다.

게 보이는가를 수식하기 때문에, 이 꾸밈을 받는 '보다'도 시각 움직씨로 간주할 수 있기 때문이다.

다음은 인지 움직씨로서 '보다'에 오는 어찌말의 특징을 보기로 한다.

    (22) ㄱ. 나는 우리 대학의 총장님을 유능하게 본다.

        ㄴ. 나는 그를 착하게 본다.

(22)의 '보다'는 어떤 대상이나 사태에 대한 판단을 담은 인지 움직씨로서, '판단하다' 또는 '여기다'로 바꿀 수 있다. 이 인지 움직씨를 꾸미는 그림씨는 어떤 사물이나 사태의 내부적 속성이 어떠함을 드러내는 평가 그림씨이다. 이 평가 그림씨는 앞에서 살펴본 시각 움직씨를 꾸미는 척도 그림씨와는 다르다. 이에 해당하는 평가 그림씨의 다른 보기들로는 '좋다/나쁘다', '아름답다/추하다', '쉽다/어렵다', '부지런하다/게으르다', '선하다/악하다', '유능하다/무능하다' 따위를 들 수 있다. 이와 같이 평가 그림씨에서 파생된 어찌씨의 꾸밈을 받는 '보다'는 평가나 판단과 관련이 있는 인지 움직씨에 속한다.

그런데 '보다'가 '판단하다', '여기다'로 치환이 된다고 하더라도 '보다'와 '판단하다', '여기다'가 오는 두 월의 뜻이 완전히 같다고는 할 수 없다. '보다'는 '판단하다' 류보다도 판단을 보류하여 단정적인 뜻을 피하려는 의도가 더 숨어 있다고 볼 수 있다. 이 경우 '보다'는 모두 말할이가 자신감이 없거나 또는 책임을 회피하려는 심리 기제

177

를 드러내는 표현 가운데 하나로 볼 수 있다. 다음은 신문기사에서 '~처럼 보이다'가 온 예문인데, '보다'는 단독으로 쓰이기도 하지만, '~처럼 보이다'로도 많이 쓰이고 있다.

> 중앙일보 칼럼만 보면 안철수 서울대 융합과학기술대학원장이 그 런 주장을 한 것처럼 보인다. (김진 중앙일보 논설위원의 2011년 10 월 31일자 34면 〈안철수의 선동 바이러스〉 칼럼의 일부분)

위 예문에서 '~처럼 보이다'는 요즘 현대인들이 자주 쓰는 '~인 것 같다'와 비슷해서, 이 표현으로 치환이 가능하다. '~인 것 같다' 는 자기의 판단을 보류한 표현으로서, 책임감을 회피하려는 현대인 의 심리를 엿볼 수 있다. 마찬가지로 '~처럼 보이다'도 '판단하다', '여기다'보다도 상대적으로 자신감이 더 부족할 때 하는 표현으로 해석된다. 이로 볼 때 인지 움직씨로서 '보다'는 '판단하다' 또는 '여 기다'로 치환이 가능하지만 말할이의 태도가 자신감 없이 표출하는 표현의 하나로 볼 수 있다.

지금까지 시각 움직씨와 인지 움직씨의 특성을 어찌말을 통해서 살펴보았는데, 척도 그림씨에서 파생된 어찌씨의 꾸밈을 받을 때는 시각 움직씨이고, 평가 그림씨에서 파생된 어찌씨의 꾸밈을 받을 때 는 인지 움직씨로 해석된다. 이 때 인지 움직씨로서 '보다'는 '판단하 다', '여기다'와 치환은 가능하지만, '~처럼 보이다'로 많이 쓰이면 서 자신감 없이 자신의 판단을 보류하는 표현으로 볼 수 있다.

6.2.2. 월 구성의 차이

시각 움직씨와 인지 움직씨의 차이는 월의 구조에서도 차이가 난다. 먼저 '보다'가 시각 움직씨로 실현되는 홑월에서는 '임자말+부림말+풀이말'의 형식으로 나타난다.

다음 '보다'가 인지 움직씨로 확장되면 홑월과 겹월 두 가지로 실현되므로, 홑월, 겹월의 월 구조 순서로 살피기로 한다.

먼저 인지 움직씨가 오는 홑월을 보면 '임자말+부림말+어찌말+풀이말'의 형식을 취하는데, 이때 어찌말은 'N-로'의 형태를 취한다.

(23) ㄱ. 나는 그림을 본다.

ㄴ. 우리는 영국 사람을 신사로 본다.

(23ㄱ)의 '보다'는 시각 움직씨이고, (23ㄴ)의 '보다'는 인지 움직씨인데, 어찌말 '신사로'가 필수요소이다. 따라서 (23ㄴ)에서 '신사로'는 필수요소이므로 이 어찌말이 생략되면 인지 움직씨에서 시각움직씨로 바뀌는 것을 알 수 있다.

(24) ㄱ. 우리는 영국 사람을 신사로 본다.

ㄴ. 우리는 영국 사람을　∅　본다.

(24ㄱ)의 '보다'는 인지 움직씨이지만 이 월에서 어찌말 '신사로'가 생략되면 (24ㄴ)처럼 시각 움직씨로 바뀐다. 그러므로 (24ㄱ)의

경우 'N-로' 어찌말은 필수요소에 속한다. 그런데 (23)의 두 월은 모두 홑월이라는 공통점이 있다[9].

다음 인지 움직씨로서 '보다'가 겹월로 실현되는 경우 '보다'는 상위월 움직씨로서 역할을 하게 되고, 이때 '보다' 월은 크게 세 가지 유형으로 나눌 수 있다.

> (25) ㄱ. 우리는 영국 사람을 정직성에서 높게 본다.
>
> ㄴ. 우리는 영국 사람을 신사라고 본다.
>
> ㄷ. 우리는 영국 사람이 정직할 것으로 본다.

예문 (25)는 모두 안긴 마디를 안은 겹월들이다. 예문 (25)에서 '보다'가 상위월 움직씨가 되는 월의 구조를 분석해 보면 다음과 같다[10].

> (26) ㄱ. 우리는 [영국 사람이 정직성에서 높-]게 본다.
>
> ㄴ. 우리는 [영국 사람이 신사이-]라고 본다.
>
> ㄷ. 우리는 [영국 사람이 정직하-]ㄹ] 것으로 본다.

---

9 홑월의 경우, '우리는 이 사태를 충분히 보았다.'에서도 '충분히'라는 어찌말이 오지만, 이때 '충분히'는 '보다'만을 꾸미는 임의요소이다. 이 글에서는 어찌말이 필수요소로서 기능하는 경우만을 논의의 대상으로 삼는다.

10 겹월의 경우, '보다'가 이은월로 실현될 수도 있다. 이 경우는 홑월이 둘 이상이 이어지는 월로서 홑월의 구조와 크게 다를 바가 없다. 곧 '내가 보면, 한국은 경제 대국에 들었다.'에서 '내가 보면'은 이은월의 앞선 마디이지만 홑월의 구조와 다르지는 않기 때문에 이 글에서는 이은월은 따로 다루지는 않는다.

(26)의 '보다'는 모두 겹월의 구조를 취하고 있다. 이 가운데 (26ㄱ)
은 어찌 마디, (26ㄴ)은 인용 마디이다. (26ㄷ)은 [영국 사람이 정직할
것]이라는 이름 마디를 안은월인데, 이 이름 마디 안에는 [영국 사람
이 정직할-]이라는 매김 마디와 '것'이라는 머리 이름씨(head noun)
로 이루어져 있다. 그러므로 (26)에서 월들은 어찌 마디, 인용 마디,
이름 마디는 안긴 마디이고, 이를 내포하는 안은월의 구조를 취하는
공통점을 갖고 있다. 그러므로 위 예문 (26)에서 '보다'는 상위월 임
자말 '우리'와 호응하는 상위월 풀이말이다. 그럼 어찌 마디, 인용 마
디, 이름 마디의 월 구조 특성을 좀 더 자세히 차례로 살피기로 한다.
첫째, 어찌 마디를 안은 겹월의 구조부터 살피기로 한다[11].

    (27) ㄱ. 영국이 좋게 보인다.

        ㄴ. 어머니가 젊게 보인다.

'좋게', '젊게'와 같은 어찌꼴은 그림씨 '좋다', '젊다'에 어찌꼴씨
끝 '-게'가 온 어찌말들이다. 이 때 생략된 주체는 말할이이므로 (27)
은 다음과 같이 해석할 수 있다.

---

11 이 글에서는 어찌 마디를 인정하는 관점에서 씨끝 '-게'를 인정한다. 고영근·구
본관(2008:313)에서는 (가)진달래가 곱게 피었다. (나)진달래가 빛깔이 곱게 피었
다. 두 월에서 (가)는 어찌말, (나)는 어찌 마디로 나누어서 구별하고 있다. 이 글에
서는 (나)를 대상으로 한다. 그런데 고영근·구본관(2008:314)에서는 '바깥이 잘
보이게 창을 활짝 열어라.'에서는 '바깥이 잘 보이게'는 종속적 연결씨끝로 볼 수
있다고 한다. 이것은 '-게'를 어찌꼴씨끝과 이음씨끝의 두 가지를 다 인정하는 처
리 방식이다.

(28) ㄱ. (나에게) [영국이 좋-]게 보인다.

ㄴ. (나에게) [어머니가 젊-]게 보인다.

(28)은 안긴 마디 [영국이 좋-], [어머니가 젊-]이라는 어찌 마디
로 실현된 겹월이다. 그리고 '나에게'는 표층에서 어찌말이지만, 심
층격(deep case)은 경험주(experiencer)로서 경험의 주체에 해당한다.
(28)은 입음월이고 능동월로 바꾸어도 마찬가지다.

(29) ㄱ. 내가 영국을 좋게 본다.

ㄴ. 내가 어머니를 젊게 본다.

(29)도 역시 [영국이 좋-], [어머니가 젊-]는 어찌 마디를 안은 월
구조로 해석된다.

둘째, 인용 마디를 안은월의 구조는 크게 두 가지로 나타난다.

(30) ㄱ. 난 너를 천재라고 본다.

ㄴ. 난 네가 잘 한다고 본다.

(30)은 안긴 마디가 [너가 천재이-]이고, '라고'라는 인용 토씨가
온 인용 마디와 같은 구조이고, (30)은 안긴 마디가 [너가 잘 한-]이
고, 이에 '고'라는 인용 토씨가 붙은 안긴 마디로 된 월이다. 전체적으
로는 인용 마디를 내포하는 안은월로 실현된 것이다. 그러므로 (30)
은 모두 겹월로서 다음과 같이 안긴 마디를 안은월로 분석 가능하다.

(31) ㄱ. 난 [너가 천재이-]라고 본다.

　　 ㄴ. 난 [네가 잘 한-]고 본다.

위 월의 짜임새도 [너가 천재이다.], [네가 잘 한다.]라는 안긴 마디에 '보다'라는 상위월의 풀이말이 온 구조이다. 그러므로 (31)를 인용월이라고 보면 안긴 마디는 인용 마디에 해당하고, '-고'는 인용 토씨로서 이때 '보다'의 뜻은 인지 움직씨이지만 그 기능은 인용 움직씨와 같은 역할을 하는 것이다.

그런데 (31)의 '보다' 겹월과 인용 마디는 통사론적 특성은 같지만 의미론적으로 보면 약간 차이가 있다. 곧 '보다' 겹월은 말할이가 그의 판단을 안긴 마디로써 표현한다면, 인용 마디는 다른 사람의 말이나 판단을 안긴 마디로써 인용한다는 점이다.

(32) ㄱ. 성호는 [일본이 올림픽 때문에 지금 시끄럽다.]고 본다.

　　 ㄴ. 성호는 [일본이 올림픽 때문에 지금 시끄럽다.]고 말했다.

(32ㄱ)은 풀이말이 '보다'로 실현되는 인지 움직씨이고, (32ㄴ)은 '말하다'로 실현되는 인용월이다.

셋째, 이름 마디를 안은월 뒤에는 토씨 '으로'가 성립한다.

(33) ㄱ. 한국은 일본을 능가할 것으로 본다.

　　 ㄴ. 영국 사람은 친절할 것으로 본다.

위의 두 표현은 모두 토씨 '으로'가 온 것으로서 '으로'의 앞에 온 이름씨구는 머리 이름씨이다. 그러므로 (33)은 다음과 같이 해석된다.

    (34) ㄱ. Ø [[한국이 일본을 능가하-]ㄹ 것]으로 본다.

          ㄴ. Ø [영국 사람이 친절하-]ㄹ 것]으로 본다.

(34) 월들은 매김 마디 [한국이 일본을 능가할], [영국 사람이 친절할]에 머리 이름씨 '것'이 와서 이름 마디가 된 겹월이다. 그러므로 토씨 '로'가 오는 월의 구조를 홑월과 겹월 두 가지로 나누어 보았는데, 홑월에서는 어찌말로, 겹월에서는 보문 이름씨를 만들어 주는 기능이 있음을 알 수 있다.

지금까지 시각 움직씨와 인지 움직씨가 오는 월의 통사적인 특징을 살펴보았다. 시각 움직씨인 '보다'로 실현되는 홑월은 '임자말 + 부림말 +풀이말'로 실현되고. 다음 인지 움직씨로서 '보다' 월은 홑월과 겹월 두 가지 양상으로 나타나는데 홑월은 '임자말 +부림말 + 어찌말+풀이말'로 실현되고 이때 어찌말은 '로'로 실현된다. 겹월의 경우 '보다'는 상위월 풀이말이고, 안긴 마디는 어찌 마디, 인용 마디, 이름 마디로 실현되고, 토씨는 '로', '고', '라고' 따위로 실현되는 특징이 있다.

이 글에서는 지각 가운데 가장 고차원에 속하면서 우리 일상 언어에서 많이 쓰이는 움직씨 '보다'를 대상으로 하여, 시각 움직씨와 인지 움직씨로서의 차이점을 의미적인 특징과 통사적인 특징으로 나누어서 살펴보았다. 이를 정리하면 다음과 같다.

[1] 시각 움직씨와 청각 움직씨는 지각 움직씨에서 인지 움직씨로 확장된다는 공통점이 있다. 후자인 인지 움직씨에 속하는 '보다'는 청각 움직씨인 '듣다'보다 더 직접적인 경험을 전제로 한다.

[2] 인지 움직씨로서 '보다'에 오는 명제의 특징은 '보다'가 현재로 실현되면 안긴 마디에는 확실치 않은 사태가 오고, 말할이는 그 명제 내용을 추측 또는 추론하는 특징이 있다. 다음 '보다'가 완료상이면 그 명제 내용이 일어난 사실과 반대되는 내용이 온다.

[3] '보다'의 특성을 어찌말과의 관련성을 통해서 보면, 시각 움직씨로서 '보다'는 척도 그림씨에서 파생된 어찌씨의 꾸밈을 받고, 인지 움직씨 '보다'는 평가 그림씨에서 파생된 어찌씨의 꾸밈을 받는다.

[4] '보다' 월의 짜임새를 정리하면, 시각 움직씨는 홑월로 실현되는데 '임자말 +부림말 +풀이말'로 나타난다. 인지 움직씨로서 '보다'는 홑월, 겹월 두 형식으로 나타나는데, 홑월은 '임자말 +부림말 +어찌말+풀이말'로 실현되며 이때 어찌말은 '로'로 나타난다.

겹월의 경우는 안긴 마디와 안은 마디로 되어 있는데, 안긴 마디는 어찌 마디, 이름 마디, 인용 마디로 실현된다. 어찌 마디는 그림씨

어근에 어찌꼴 씨끝 '-게'가 와서 어찌말의 기능을 한다. 다음 이름마디에는 매김 마디에 '것'이라는 머리 이름씨가 합쳐져서 겹월이 된 구조이고 이때 '로'라는 어찌 격토씨가 뒤에 온다. 다음 인용 마디로 실현되는 경우는 풀이말 뒤에 인용 토씨 '고', '라고'가 온다.

  사람이 생각이 복잡해지면 표현 방식도 복잡해진다는 관점에서 보면, '보다'도 시각 움직씨에서 인지 움직씨로 뜻이 확장됨으로써 통사 구조도 복잡해짐을 알 수 있다. 그 결과 '보다'를 통해서 의미가 복잡해지면 형태도 복잡해진다는 유연성을 찾아볼 수 있었다.

제IV부
개념화와
월

개념화와
의미 해석

제7장

겹 부림말의 인지론적 해석
- 참조점을 중심으로 -

우리말의 경우 부림말(목적어)은 필수요소로서, 한 번 나타나는 것이 일반적이지만 두 번 나타나기도 한다.

(1)　동생이 <u>꽃을</u> <u>세 송이를</u> 샀다.

(1)과 같이 겹 부림말이 실현되는 경우, 이에 관한 연구는 두 부림말의 문법적, 의미적인 관련성을 밝히기 위한 연구에 초점이 맞추어져 왔다. 곧 문법적인 관점에서는 '를'이 참 부림말인지, 가짜 부림말인지에 관한 논의를 통하여 '를'의 기능을 파악하고자 했다면, 의미적인 관점에서는 부림말에 해당하는 두 이름씨항의 의미 관계를 밝히기 위한 논의가 주로 있어 왔다. 이러한 연구는 언어와 언어와의

189

관련성에 토대를 둔 연구였다.

　그런데 이 글에서는 개념 화자가 (1)의 두 부림말들이 오는 이름씨항들을 어떻게 개념화하는가를 밝혀보고자 한다. 이것은 사람과 언어와의 관련성에 토대를 둔 것으로서, 개념 화자가 언어 표현을 인지하여 어떻게 개념화하는가와 관련성이 있다는 점에서 앞선 논의들과는 다르다.

　일반적으로 임자말과 부림말이 있을 때 임자말이 가장 두드러진 요소로서 이 요소를 먼저 인지한 다음 두 번째 두드러진 요소로서 부림말을 인지하게 된다. 그런데 부림말이 두 번 나타나면 임자말 다음에 초점 요소가 두 번 연속해서 나타나서 초점 연쇄가 일어난다. 이때 두 부림말이 이름씨라는 같은 문법 영역 안에서 초점 연쇄가 일어나기도 하고, 다른 문법 영역으로 초점 전이가 일어나기도 한다. 전자는 초점 전이가 부림말에서 부림말로 이동이 일어난다고 볼 수 있다. 앞의 예문 (1)이 이에 해당한다.

　그런데 초점 전이가 다른 문법 영역으로 일어나기도 한다.

　　(2)　동생이 <u>학교를</u> <u>가지를</u> 않았다.

　(2)의 경우 부림말 표지1 '를'은 이름씨에, 부림말 표지2 '를'은 움직씨에 온 보기이다. 부림말 표지2는 움직씨 '가지'에 '를'이 왔기 때문에, 이 요소는 월성분으로 볼 때 부림말이 아니라 풀이말이다. 그러므로 '를'이 오더라도 모두 격토씨는 아니라고 볼 수 있다.

　이 글에서는 이처럼 부림말 표지가 둘 나타나는 (1, 2)의 두 표현

들을 대상으로 하여 우리가 '를'이 오는 이름씨항들을 어떻게 개념
화하는가를 초점 전이의 관점에서 밝혀보고자 한다. 곧 (1)은 이름씨
에서 이름씨로, (2)는 이름씨에서 움직씨로 초점 전이가 일어나는데,
개념 화자는 두 부림말 표지의 앞에 오는 이름씨항들의 의미 관계를
어떻게 인지하며, 그때 기준이 되는 참조점은 무엇이며, 이 기준에
의해 초점 전이가 일어나는 경우 어떤 모습으로 나타나는지를 밝혀
보고자 한다. 이것은 두 부림말 표지의 앞에 오는 이름씨항들의 의
미 관계에 토대를 두고 있으므로 의미론적인 접근이라고 볼 수 있으
며, 또한 그러한 이름씨항들을 어떻게 인지하는가와 관련된 논의는
인지언어학의 영역이 될 것이다.

7.1. 부림말에 관한 앞선 연구

움직씨는 그 앞의 부림말과의 관계에 따라 두 갈래로 나뉘었다.
부림말 없이 쓰이는 움직씨는 제움직씨(intranstive verb), 부림말과
어울려야 정상적으로 쓰이는 움직씨는 남움직씨(transtive verb)라
고 부른다. 최현배(1982:246)에서는 토씨 '를'이 붙으면 모두 부림말
이라고 하고, 이때의 움직씨 는 제움직씨 라고 하면서, 남움직씨 는 다
른 사물을 부리는(지배하는)것이라고 정의한다[1]. 이 정의와 관련된
문제점을 들면 다음과 같다.

---

1 부림말은 '남움직씨의 부림을 받는다는 뜻'이므로 '부림말'이라는 용어의 타당성
  을 검토해 볼 필요가 있을 것이다.

첫째, 토씨 '-를'이 붙으면 모두 부림말이라고 하고, 이때의 움직씨는 남움직씨라고 하는 정의는 기준을 너무 좁게 설정한 것이라고 볼 수 있다. 보기 들어 '가다'의 경우 '를'이 제움직씨와 남움직씨에 모두 올 수 있어서 이런 경우 이 기준이 혼선을 빚기 때문이다.

(3) ㄱ. 동생이 <u>학교에</u> 가다.
     ㄴ. 동생이 <u>학교를</u> 가다.

(3)의 '가다'는 두 번째 이름씨에 토씨 '에', '를'이 다 올 수 있어서 제움직씨도 되고 남움직씨도 된다. 그런데 '가다'는 이동 움직씨로서 방향을 나타내어서 어찌말 '학교에'가 필수요소이므로 부림말 '학교를'은 본질적인 쓰임이라고 볼 수 없다. 왜냐하면 '가다'는 두 자리 풀이말로서 '주체'와 '방향'을 나타내는 이름씨항을 필수적으로 요구하기 때문이다[2]. 이 경우 (3ㄴ)의 '를'은 본래 -에'가 있었는데 '에'가 생략되고 '를'만 남은 것으로도 해석 가능하다.

(4) 동생이 <u>학교에를</u> 가다.

그러므로 (4)에서 '학교' 뒤의 '를'은 격토씨가 아니라 앞의 요소에 뜻을 더하는 도움토씨로서, 이때 '가다'는 제움직씨에 해당한다[3]. 그

---

2 (1ㄱ)에서 '동생이 학교에 가다' 대신에 '동생이 학교로 가다'도 쓰일 수 있는데, 데 이것은 '가다'가 '방향'을 나타내는 어찌말이 필수요소이기 때문이다.
3 '장가를 가다', '시집을 가다'의 경우에도 '가다' 앞에 '-를'이 오기는 하지만 이것

러므로 '를'이 왔다고 해서 모두 부림말로 볼 수 없다[4].

또한 (3ㄴ)처럼 제움직씨와 호응하는 '를'은 다른 토씨와 치환이 가능하다.

> (5) ㄱ. 비행기가 <u>하늘을</u>{하늘로 / 하늘에서} 날았다.
>
> ㄴ. 그들은 매일 <u>산을</u>{산에 / 산으로} 오른다.
>
> ㄷ. 내가 <u>길을</u>{길로 / 길에서} 걷는다.
>
> ㄹ. 그 사람이 <u>고향을</u>{고향에서 / 고향으로부터} 떠났다.

(5)에서 제움직씨 '날다, 오르다, 걷다, 떠나다'가 선택하는 이름씨 항은 '를' 대신에 다른 토씨 '에, 로, 에서, 으로부터'와도 치환이 가능하다. 이처럼 '를'이 다른 토씨와 치환이 되는 경우, 본유격(inherent case)으로 볼 수 없다[5]. 곧 어찌말이 필수요소이고, '-를'은 그 대신에 온 요소로 해석된다.

그런데 이윤표(2001 174-177)에서는 부림말 자리에 이름씨구 이 외에 안은월이 올 수 있다는 방안이 제시되기도 했다.

은 관용적 표현으로서 논의에서 제외하기로 한다.

4 김민수(1971:133-139)에서는 동족 부림말을 취하는 용언을 '동원 동사(同原動詞)' 라고 하고, 모두 자동사로 본다. 보기 들면 '뜸뜬다, 곰곤다, 잠잔다'는 '뜸을 뜬다, 곰을 곤다, 잠을 잔다'에서 온 것으로서, 이때 오는 부림말을 가객어(假客語)라고 부르고, 가객어로 된 것은 구문상 한 단위의 술어로 보아야 한다고 본다.

5 '본유격'이란 풀이말이 필수적으로 취하는 이름씨항으로서 필수격이라고도 부를 수 있다.

(6) ㄱ. 철수가 X(영희가 똑똑하다)라고 생각한다.

　　 ㄴ. 철수가 <u>영희가</u> 똑똑하다고 생각한다.

　　 ㄷ. 철수가 <u>영희를</u> 똑똑하다고 생각한다.

　(6)에서 '영희'가 풀이말 '똑똑하다'에 대한 임자말 역할과 '생각
하다'에 대한 부림말을 수행하는 이중격 구조로 보고, 기본적으로
'를'이 기타 '에게, 로, 라고' 등도 부림말을 나타내는 표지 구실을 하
므로 국어 부림말 표지의 다양성을 인정해야 한다고 본다. 이 관점
은 부림말을 형태적인 표지보다 기능에 비중을 둔 견해이다. 지금까
지 '를'이 이름씨항 뒤에 올 때의 기능에 대해서 대략적으로 살펴보
았다[6].
　둘째, 앞에서 논의된 '를'은 이름씨 뒤에 온 것으로서 격토씨와 위
치가 같지만 어찌씨나 풀이말 뒤에도 '를'이 올 수 있다.

(7) ㄱ. 기차가 빨리를 간다.

　　 ㄴ. 새가 <u>멀리를</u> 난다.

(8) 　 그가 <u>밉지를</u> 않다.

　'를'이 (7)에서는 어찌씨 뒤에, (8)은 그림씨 뒤에 온 보기들이다.
또한 (7)에서 '가다, 날다'는 제움직씨, (8)의 '않다'는 그림씨로서 이
런 월들에 쓰인 '를'은 격 표지로 보기가 어렵다. 그러므로 이름씨 이

---

6 참 부림말로 볼 수 없는 부림말은 '가짜 부림말, 거짓 부림말, 의사 부림말(擬似目
　的語, pseudo-object), 가객어' 따위로 불러 왔다.

외의 다른 성분에 붙는 '를'은 격을 나타내는 것이 아니라 어떤 뜻을 드러내는 도움토씨이다[7].

지금까지 논의는 부림말 표지가 한 번 나타나는 경우이고, 부림말 표지가 두 번 나타나는 표현에 관한 연구는 두 이름씨항의 문법·의미적 관계에 초점을 맞춘 논의가 대부분이었다.

먼저 겹 부림말을 문법·의미적 관점에서 서정수(1995:697-698)가 다음과 같이 여섯 종류로 제시하였다.

> (9) ㄱ. 친구가 <u>나를 손을</u> 잡았다.
>
> ㄴ. 언니는 <u>변호사를 며느리를</u> 삼았다.
>
> ㄷ. 소년이 <u>꽃을 두 송이를</u> 선물했다.
>
> ㄹ. 선생님이 <u>학생을 상을</u> 주었다.
>
> ㅁ. 소녀가 <u>농구를 운동을</u> 한다.
>
> ㅂ. 학생이 <u>부채춤을 춤을</u> 추었다.

(9)에서 '를'이 붙은 두 부림말의 관계를 (9ㄱ)은 '대소 관계 꼴', (9ㄴ)은 '어찌말 대치 꼴', (9ㄷ)은 '수량어 관계 꼴', (9ㄹ)은 '여격 꼴', (9ㅁ)은 '하다' 용언 꼴[8], (9ㅂ)은 '동족 부림말 꼴'로 나누었다.

---

7 시정곤(2001 179-201)에서는 (6)의 '를'이 -가'와 대체되므로 '그가 밉지(가/를) 않다.'에서 (가/를)을 모두 통사적 표지로만 보지 않고 화용격 표지로 본다. 그리고 'X-지(가/를)'의 구성은 격교체 현상이 아니라, 통사격과 화용격의 대체 현상으로 본다. 이런 관점에서 본다면 (6)의 '를'도 격토씨로 볼 수 있다.

8 이 가운데 '하다' 용언은 또 다른 관점에서 조명해 볼 수 있다. 보기 들면 '운동하다'는 '임자씨-하다'의 꼴이 용언이 된 꼴로서 여러 가지 관점에서 설명이 가능하다.

우형식(1996:211-212)에서는 부림말 확대의 동인은 두 성분이름씨 사이의 의미 관계와 '를'격 성분이 갖는 〈대상성〉, 〈한정성〉의 성분의미에서 찾고 있다. 또한 우형식(1996:215-239)에서는 겹 부림말을 '전체-부분'의 관계, '대상-확대'의 관계, '대상-수량'의 관계 셋으로 나눈 다음, 겹 부림말의 확대의 방향에 따라서 선행적 확대와 후행적 확대로 나누어서 '전체-부분'의 관계와 '대상-확대'의 관계는 선행적 확대, '대상-수량'의 관계는 후행적 확대로 나누고 있다. 이 논의는 겹 부림말의 확대 원리에 초점을 맞춘 논의라고 볼 수 있다.

그런데 최근 인지언어학에서는 사람이 언어를 어떻게 개념화하는가에 관심을 갖고 연구를 하고 있다.

영어의 경우, 우리말의 겹 부림말과는 구조가 조금 다르지만 인지문법의 관점에서 부림말과 여격으로 실현되는 어찌말이 나타나는 표현을 대상으로 하여 두 이름씨항의 어순과 전치사 'to'의 유무에 따라서 영상이 달라진다고 설명한다(김종도 2002:89-91, 김경학 1996:81-84).

> (10) ㄱ. Bill sent a walrus to Joyce.
>
> ㄴ. Bill sent Joyce a walrus.

---

(1) ㄱ. 소녀가 농구를 운동-한다.
   ㄴ. 소녀가 농구를 운동하다-하다.
   ㄷ. 소녀가 농구를 운동을 하다.
   ㄹ. 소녀가 [소녀가 농구를 운동]을 하다.

(1ㄱ)은 '운동'을 어근으로 본 것이고, (1ㄴ)은 '운동하다'를 풀이말로 보거나, (1ㄷ)은 내부풀이말, (1ㄹ)은 안긴월의 풀이말로서 이 꼴은 동족부림말과 비슷한 유형으로 볼 수 있다.

(10ㄱ)은 W의 이동 경로가 현저한 반면, (10ㄴ)은 W의 이동의 결과에 의해서 소유 관계를 드러내므로 두 월의 영상 도식은 다르다고 본다. 곧 (10ㄱ)은 이동의 경로가 두드러진 표현이라면, (10ㄴ)은 이동의 도착지가 두드러진 표현이 된다고 본다.

이 글에서는 한국어의 겹 부림말 표지가 오는 표현들을 대상으로 하여 이들이 오는 표현들을 개념 화자가 어떻게 인지하는가를 밝히고자 한다. 이것은 사람의 '인지'와 '언어'의 관련성을 포착하고자 하는 것이다. 곧 표지는 모두 '를'이 오지만 이름씨항을 인지하는 방법은 다르다고 보는 관점을 취하고자 한다.

7.2. 초점 전이로 본 겹 부림말 표지

일반적으로 임자말은 제1 초점 요소이고, 부림말은 제2 초점 요소이다. 초점 요소란 우리가 인지할 때 가장 두드러진 요소로서 제일 먼저 지각하게 되는 요소이다[9]. 그럼 우리가 부림말 표지가 둘이 오는 표현을 대상으로 하여, 그 표현들을 어떻게 인지하는가를 인지의 미론적인 관점에서 살피기로 한다. 이때 기준이 되는 참조점이 무엇

---

9 초점이라는 용어는 Rosch 등에 의하여 '원형(原型 prototype)'으로 대치되기도 했는데, 색채뿐만 아니라 유기체, 대상물, 개념 등의 인지 연구에서 활발히 이용되고 있다. 한편 기능문법(functional grammar)에서 말하는 '전제(presupposition)-초점(focus)'에서 '초점'은 월을 기능적 관점에서 보아서 새로운 정보(new information)를 뜻하므로, 이 경우 '초점'은 '구정보(old information)'나 '주제(theme)'와는 대립되는 개념이다.

인지부터 살피기로 한다.

7.2.1. 참조점으로 본 초점 전이

일상생활에서 우리는 많은 것들을 경험하는데 그런 경험들을 한 꺼번에 인지하는 것이 아니라 그 경험을 바탕으로 하여 인지적으로 두드러진 개체를 선택하여 그것을 매체로 하여 표현하려는 경향이 있다. 곧 심리적으로 목표를 찾아가는 사람은 개념 화자이고[10], 심리의 출발점이 참조점이다. 범주화(categorization)도 환유 관계 모형(metonymic model)으로 설명 가능한데 이러한 관계가 성립할 수 있는 것은 중심적 구성원들을 이용하여 범주 전체에 접근하는 참조점 사고가 있기 때문에 가능하다. R. W. Langacker(1993:30)도 환유 관계 표현에 나타나는 지칭의 변화에 대하여 우리가 혼동을 일으키지 않는 것은 '참조점' 때문이라고 말한다. 곧 말할이가 어떤 개체와 정신적 접촉을 하려고 할 때 이것을 직접 언급하지 않고, 이것과 관련되면서 동시에 이보다 더 현저한 개체를 참조점으로 언급한다는 것이다.

  (11) ㄱ. 냄비가 끓고 있다.

    ㄴ. 점심 드셨습니까?

---

10 '개념 화자'는 '말할이(spearker)'와 비슷한 개념이다. 그런데 '말할이'는 '들을이'와 대응되는 개념으로서 의사소통론에서 주로 사용하는 용어이지만 '개념 화자'는 어떤 대상을 인지하는 주체라는 뜻으로 인지언어학에서 주로 사용하는 용어로서 '인지 주체'라고도 한다.

위 표현은 공간적·시간적 인접성에 따른 환유 관계 표현이다. 곧 '냄비 → 냄비 내용물'은 공간적 인접성, '점심 → 점심밥'은 시간적 인접성에 따른 환유 관계 표현이다. (11)의 발화를 들은 인지 주체는 현저성이 높은 전체를 참조점으로 하여 그와 인접해 있는 다른 부분 요소로 초점 전이가 일어나서 이 표현을 개념화한다. 곧 '도시락', '아침'이 참조점이 되어 '도시락 내용물'이나 '아침밥'이라는 목표에 도달하게 된다. 이처럼 환유 관계를 개념 세계의 참조점 현상으로 설명한다는 것은 참조점의 선택이 인지적으로 이루어진다는 뜻이다.

본래 우리가 언어로 표현된 의미를 개념화할 때는 대상의 부분을 모두 동등하게 인지하는 것이 아니라 어떤 부분을 초점화해서 두드러진 요소로 본다. 초점의 선택은 다음 초점으로의 추이를 가능하게 한다. 다음 초점의 추이는 대상 세계의 개념화를 가능하게 하는 인지 과정을 거치는데, 초점의 이행과 결합되는 인지과정은 참조점(R=Reference Point)에서 목표(T=Target)로 정신적 문맥(mental context)의 추이를 기본으로 하여 일어난다. 개념 화자는 인지 주체로서 표현을 이해하는 과정을 보면, 먼저 참조점을 지각하게 되고 이것이 기준이 되어 이 참조점이 한정하는 목표 후보의 지배영역(D= Domain) 안에서 목표물을 지각하여 이해하게 된다.

남움직씨 월의 경우 임자말과 부림말은 필수성분이다. 이 경우 월의 두 요소 가운데서 임자말이 부림말보다 두드러짐(prominence)이 높다. 왜냐하면 임자말은 월 머리에 오는 요소로서 인지하기가 월 중간보다 쉽기 때문이다. 따라서 임자말은 기본적으로 탄도체(trajector)에 해당한다. 이에 대해서 부림말은 덜 두드러진 대상으로서 지표(landmark)에 해당한다. 그러므로 개념 화자는 처음에는 임자말에, 다음은 부림말에 초점을 단계적으로 두게 되므로, 임자말이 먼저 참조점이 되어서 초점화되고, 다음은 부림말이 초점화되어 임자말의 목표가 된다. 이 때 목표는 임자말이 속하는 초점화의 영역 안에서 설정된다.

겹 부림말의 경우도 인지 주체로서의 말할이가 부림말을 초점화해서 최초로 제시하는 화제가 참조점이 되어 부림말1의 문맥 또는 지배영역 안에서 목표가 정해지고, 그것이 다음 화제로 기능해서 서서히 그에 맞는 대상 세계의 서술이 된다[11]. 일반적으로 참조점과 목표는 고정된 존재가 아니라, 이들의 인지 과정은 동적으로서 상대적인 관계이다. 상황에 의해서 참조점이 정해지면 이 참조점과 인접한 목표가 다음 참조점이 되고, 그 참조점을 개입해서 새로운 목표가 정해진다. 이런 '초점 추이(focus transfer)'에 의해서 '초점 연쇄(focus chain)'가 일어나서 결국 인지가 가능하다고 볼 수 있다.

$$NP \longrightarrow NP \longrightarrow NP$$

(tr)　　　　(lm)　　　　(lm)

〈1차 초점〉　〈2차 초점〉　〈3차 초점〉

그런데 토씨 '를'은 이름씨 뒤에만 오는 것이 아니라 이름씨 이외

---

11 최규수에서는 '시점'을 '참여자의 범위를 선택하고 중심되는 참여자를 선택하는 인식의 과정'이라고 보고(1994:120) 주어와 목적어의 기능적 정의를 '주어는 1차적으로 시점을 받은 참여자가, 목적어를 2차적으로 시점을 받은 참여자가 월의 구조에 반영된 월성분이다.'라고 정의하고 있다(1994 121-122).

의 풀이씨, 어찌씨 뒤에도 온다.

(12) ㄱ. 다운이는 <u>꽃을</u> <u>세 송이를</u> 샀다.

ㄴ. 나는 <u>생선을</u> <u>먹지를</u> 못했다.

(12ㄱ)은 두 부림말인 '꽃', '세 송이'가 모두 이름씨로서 같은 문법 범주에 있지만, (12ㄴ)은 '생선', '먹지'는 이름씨와 움직씨로서 다른 범주에 있다.

이 글에서는 '를'의 분포에 따라서 기능도 달라진다고 보고 '를'이 오는 표현을 '같은 영역 전이로 본 부림말 표지'와 '다른 영역 전이로 본 부림말 표지'라는 두 꼴로 나누어서 살피기로 한다.

7.2.2. 같은 문법 영역 전이로 본 겹 부림말 표지

'를'이 같은 문법 범주 안에서 겹 부림말 표지로 쓰인 경우, 두 이름씨의 의미 관계는 다양하게 나타난다.

(13) ㄱ. <u>만년필을</u> <u>몽블랑을</u> 주세요.

ㄴ. <u>자동차를</u> <u>바퀴를</u> 바꾸었다.

ㄷ. 언니는 변호사를 며느리를 삼았다.

(13)에서 두 부림말 표지가 오는 이름씨항의 의미 관계를 살펴보면, ㄱ '만년필-몽블랑'의 경우는 제품과 제품의 종류이고, ㄴ의 '자

동차-바퀴'는 전체와 부분 관계이다. 전자는 제유 관계, 후자는 환유 관계로서 상위어와 하위어라는 공통점이 있다. 그런데 ㄷ에서 두 부림말 표지가 오는 이름씨항 '변호사-며느리'는 '사람'이라는 영역 안에서 개별적으로 존재한다. 앞의 제유 관계와 환유 관계가 포섭 관계(inclusion relation)라면 (13ㄷ)은 비포섭 관계로서 대등 관계(equeal relation)라고 부르기로 한다. 그러므로 같은 문법 영역 전이로 본 부림말의 꼴은 제유 관계, 환유 관계, 대등 관계 셋으로 나누기로 한다[12].

7.2.2.1. 제유 관계

제유(synecdoche)는 환유(metonymy)와 비슷한 개념이지만 이 글에서는 둘을 구별하는 관점에서 논의하기로 한다. Seto(1999)는 인식 삼각도(Cognitive Triangle)를 그려서 은유, 환유 관계, 제유 관계를 구별하는데, 〈전체와 부분의 관계〉를 환유 관계라고 하고, 〈유와 종의 관계〉에 의한 비유만을 제유 관계로 본다. 그래서 환유 관계를 개체 전이(Entity-related transfer), 제유 관계를 범주 전이(Category-related transfer)라고 부른다. 그러므로 환유 관계를 개체 전이로서 부분 관계(partonomy)라고 하고, 제유 관계를 범주 전이로서 분류 관계(taxonomy)라고도 한다. 그럼 환유 관계와 제유 관계를 겹 부림 말에 적용해 보기로 한다.

---

12 우형식(1996:215-239)이 나눈 분류에서 '전체-부분'의 관계는 이 글에서는 '환유 관계', '대량-수량'의 관계는 '제유 관계'로서 '같은 문법 영역 전이'에 해당하고, '대상-확대'의 관계는 '다른 문법 영역 전이'에 해당한다. 이 논문에서는 '대등 관계'라는 의미 영역을 하나 더 설정하고 있다.

제유 관계는 하위어가 상위어의 한 종류를 이루는 표현으로서, 이들은 모두 양도 가능한 관계(alienable relation)이다. '수량어 관계 꼴'이 이 유형에 속한다[13].

　　(14) ㄱ. 다운이는 <u>꽃을</u> <u>세 송이를</u> 샀다.

　　　　ㄴ. <u>장미를</u> <u>노란 것을</u> 주세요.

제유 관계에서 두 부림말들은 상하 관계(hyponymy)로서 부림말 표지1은 '의'로 바꿀 수 없다.

　　(15) ㄱ. [*]다운이는 <u>꽃의</u> 세 송이를 샀다.

　　　　ㄴ. [*]<u>장미의</u> 노란 것을 주세요.

(15)는 부림말1과 부림말2가 포함 관계에 있지만 전체-부분 관계

---

13 이 글에서 제유 관계는 '유와 종'의 관계로서 '수량어 관계 꼴'과 '종류'가 전형적인 보기이다. 이 둘의 차이점이라면 전자는 부림말 표지1과 부림말 표지2가 도치가 일어나면서 부림말 표지2의 '를'이 생략이 가능하지만 후자는 도치와는 생략이 모두 일어나지 않는다는 점이다.

(1) ㄱ. 다운이는 <u>세 송이 꽃을</u> 샀다.
　　ㄴ. [?]<u>노란 것 장미를</u> 주세요.

(1) 예문들의 특징은 '종→유'로 초점 전이가 거꾸로 일어나는데 도치에 의한 강조 표현이기 때문이다. 이것은 일반적으로 '유→종'으로 초점 전이가 일어난다고 볼 때 전이의 방향이 반대로서 특별한 표현에 해당한다. 또한 '꽃을 몇 송이 샀는가?'와 같은 물음월에 대한 답변이 '세 송이'라면 의문의 초점은 '세 송이'이고 '꽃'은 구정보로서 초점이 될 수 없다. 따라서 물음월은 물음과 답변의 구조이므로 풀이월과는 다른 관점에서 접근해야 할 것이다.

는 아니기 때문에 매김 토씨 '의'와 치환이 되지 않는다. 그런데 부림말 표지1은 생략이 가능하다.

(16) ㄱ. 다운이는 꽃∅ <u>세 송이를</u> 샀다.

ㄴ. 장미∅ <u>노란 것을</u> 주세요.

(16)은 부림말 표지1이 생략된 것인데, 이 자리는 매김 토씨 '의'와 치환이 되지 않는 특징을 보인다. 지금까지 논의로 볼 때 제유 관계의 두 부림말 요소들은 포섭 관계를 이루기는 하나, 한 단위가 아니라 두 단위로서 각각 존재함을 보이는 것이다. 그래서 두 부림말의 의미 관계를 구체적으로 보면 부림말2는 부림말1을 보충하는 기능을 하는데, ㄱ에서는 '꽃의 수량', ㄴ에서는 '장미의 색깔'을 보충해 준다. 그러므로 부림말1이 더 두드러진 요소로서 참조점이 되고 부림말2는 상대적으로 덜 두드러진 요소라고 볼 수 있다. 그래서 초점 전이는 연쇄적으로 일어나는데, 전체 월에서 본다면 임자말 가 제1 초점 요소라면 부림말은 제2 초점 요소이므로 부림말1은 임자말의 목표이기도 하다. 다음 부림말2는 또 부림말1의 목표가 된다. 곧 (16 ㄱ)의 '다운이는 꽃을 세 송이를 샀다.'에서 두 부림말의 관계가 어떤 대상의 종류를 나타낸 것으로서 개념 화자가 두 부림말 가운데 부림말1인 '꽃'을 먼저 지각하게 될 것인데, 이것은 전체가 부분보다 지각하기 쉽기 때문이다. 그러므로 부림말이 초점 요소가 될 때, 부림말1이 탄도체가 되고 부림말2는 지표에 해당한다.

그럼 우리가 이들 표현을 개념화하는 과정을 보면 이 두 부림말의

관계는 유와 종의 관계로서 먼저 '꽃'에 초점을 두게 되는데, 이것이
참조점이 된다. 그런 다음 그 하위 종류인 수량으로 초점 전이가 일
어나서 '세 송이'라는 것을 인지하게 된다고 볼 수 있다. 곧 수량을
보이는 '세 송이'가 결국 이 표현의 마지막 목표이다. 마찬가지로 (2
ㄴ)의 '장미를 노란 것을 주세요.'라는 표현에서도 부림말1인 '장미'
에 초점이 먼저 가고 이것이 참조점이 되어 그 다음 '색깔'로 초점이
옮겨지게 된다. 따라서 '노란 것'은 마지막 목표가 된다. 이처럼 겹
부림말이 제유 관계를 이룰 때는 개념 화자의 시선이 같은 영역 안
에서 상위어에서 하위어로 목표 영역이 축소되면서 일어나는 인지
과정이 일어난다고 볼 수 있으며 이는 비대칭적인 전이에 해당한다.
이를 그림으로 나타내면 다음과 같다.

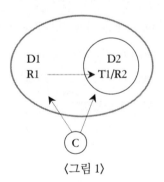

〈그림 1〉

R : 참조점(reference point), T : 목표(target), D : 영역(domain)

〈그림1〉은 제유 관계를 보인 것으로서, 부림말1이 참조점이 되어
부림말2가 목표이다. 부림말1이 윤곽(profile)이고, 부림말2는 배경
(ground)이므로 D2는 D1의 종류를 이룬다.

7.2.2.2. 환유 관계

환유 관계는 부림말1과 부림말2의 관계가 전체-부분 관계(whole-part relation)로서 양도 불가능한 관계(inalienable relation)이다. '대소 관계 꼴'은 이 유형에 속한다.

> (17) ㄱ. 그는 <u>친구를</u> 팔을 잡았다.
>
>   ㄴ. 다운이는 <u>송아지를</u> <u>엉덩이를</u> 때렸다.

위의 보기들은 공간적 인접성에 따른 환유 관계의 보기로서 하위어는 상위어의 일부를 이룬다. 곧 전체는 그것의 부분 요소와 연결이 되므로 이때는 예측이 어느 정도 가능한 관계이다.

이들 환유 관계 표현은 제유 관계 표현과는 달리 부림말 표지1이 매김 토씨 '의'로 치환이 되는 특징이 있다.

> (18) ㄱ. 그는 <u>친구의</u> 팔을 잡았다.
>
>   ㄴ. 다운이는 <u>송아지의</u> 엉덩이를 때렸다.

(18)은 신체와 그것의 일부의 관계로서 '의'로 치환이 가능하다. 곧 부림말1은 소유주에 해당하고 부림말2는 소유물에 해당한다. 이로 볼 때 두 부림말의 관계는 제유 관계에 비해서 상대적으로 한 단위로 묶이는 성질이 강하다고 볼 수 있다.

또한 이 표현들에서도 부림말 표지1은 생략이 가능하다.

(19) ㄱ. 그는 <u>친구</u>∅ 팔을 잡았다.

　　　ㄴ. 다운이는 <u>송아지</u>∅ 엉덩이를 때렸다.

(19)는 부림말 표지1이 생략된 것으로서 매김 토씨 '의'로 치환이 될 수 있는 '를'이다. 이것은 전체와 부분이 별개로 존재하는 것이 아니라 서로 한 단위로 움직이는 것이라고 볼 수 있다. 이때 전체와 부분은 서로 양도 불가능한 관계로서 서로 분리가 안 되는 관계이다.

이 표현의 경우도 전체가 두드러진 요소로서 부림말1은 탄도체이고 부분은 덜 두드러진 요소로서 부림말 표지2는 지표에 해당한다. 이들을 개념화하는 과정을 살펴보면, 개념 화자가 먼저 부림말1인 전체에 초점화를 두게 되는데 이 요소가 참조점이 된다. 또한 부림말1은 임자말의 관점에서 보면 목표이기도 하다. 그런데 개념 화자의 관점은 고정되어 있는 것이 아니라 다음 단계로 초점 전이가 일어나서 부림말 표지2가 초점화되고 이 요소가 목표가 된다. 이 표현은 공간적 인접성에 따른 환유 관계 표현이므로 같은 영역 안에서 일어나는 초점 전이다. 곧 (19)에서 '친구-팔', '송아지-엉덩이'는 전체와 부분의 관계를 이룬다. 이 경우 전체인 '친구', '송아지'가 부분인 '팔', '엉덩이'보다 더 두드러진 요소이기 때문에 개념 화자는 전체를 먼저 지각하게 되고 다음으로 부분을 인지하게 된다. 곧 전체가 초점이 되고 다음 그 영역 안에서 부분을 인지하게 된다. 이런 초점 연쇄를 통해서 환유 관계에 있는 겹 부림말을 인지하게 된다고 볼 수 있다. 이 경우도 두 부림말의 관계가 전체에서 부분으로 초점 전이가 일어나므로 축소 전이이며, 비대칭적인 전이가 일어난다. 이를 그림으로 나타내면 다음과 같다.

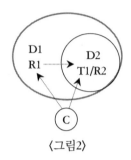

〈그림2〉

〈그림2〉는 환유 관계로서 D2와 D1은 양도 불가능한 관계이며 부분은 전체의 일부에 해당한다.

시간적 인접성에 따른 환유 관계 표현에서도 두 부림말 표지는 한 단위로 움직이는 것으로 나타난다.

    (20) ㄱ. 나는 <u>오후를</u> <u>다섯 시를</u> 만나기에 적당한 시간이라고 생각
          했다.

        ㄴ. 나는 <u>오후의</u> <u>다섯 시를</u> 만나기에 적당한 시간이라고 생각
          했다.

        ㄷ. *나는 <u>다섯 시의</u> <u>오후를</u> 만나기에 적당한 시간이라고 생각
          했다.

부림말 표지1을 (20ㄱ)에서 '의'로 바꾸어 보면 성립하지만, (20ㄷ)의 경우 부림말 표지2를 '의'로 바꾸고 어순을 도치해 보면 성립하지

않는다.

또한 부림말 표지1은 생략되어도 자연스럽다.

> (21) ㄱ. 나는 <u>오후를</u> <u>다섯 시를</u> 만나기에 적당한 시간이라고 생각
> 했다.
> ㄴ. 나는 <u>오후∅</u> <u>다섯 시를</u> 만나기에 적당한 시간이라고 생각했다.

(21)에서도 '다섯 시'는 '오후'를 이루는 요소로서, '오후'가 참조
점이 되어서 다섯 시에 초점이 전이되는 표현이다. 이 시간적 인접
성에 의한 표현도 공간적 인접성과 마찬가지로 한 단위로 움직이는
경향이 강하다.

지금까지 살펴본 제유 관계와 환유 관계와의 차이점이라면, 제유
관계는 상위어와 하위어의 관계가 '의'로 치환이 되지 않지만 환유
관계는 '의'로 치환이 된다는 점이다. 곧 제유 관계는 환유 관계에 비
해서 두 이름씨의 관계가 두 단위로서 상대적으로 개별적인 움직임
을 취한다면 환유 관계는 두 이름씨가 한 단위로 묶이어서 움직인다
는 특징을 들 수 있다. 반면 환유 관계와 제유 관계의 공통점은 부림
말 표지1이 생략 가능한 표현으로서 두 이름씨의 관계가 포섭 관계
를 이룬다는 점이다. 따라서 전체에서 부분으로 초점 전이가 축소되
어 일어나므로 비대칭적인 전이에 해당한다.

7.2.2.3. 대등 관계

앞에서 논의한 제유 관계와 환유 관계는 겹 부림말의 두 이름씨가

포섭 관계를 이룬다는 공통점이 있다면, 대등 관계는 두 이름씨가
비포섭 관계에 있다. '여격 꼴'과 '어찌말 대치 꼴'이 이 유형에 해당
한다.

    (22) ㄱ. 언니는 <u>변호사를</u> <u>며느리를</u> 삼았다.

        ㄴ. 교장선생님은 <u>학생을</u> <u>상을</u> 주었다.

    (22)에서 '변호사-며느리', '학생-상'은 상위어와 하위어의 관계가
아니라 두 의미 영역이 별도로 각각 존재한다. 그래서 부림말 표지1
을 매김 토씨 '의'로 치환을 해보면 성립하지 않는다.

    (23) ㄱ. [*]언니는 <u>변호사의</u> 며느리를 삼았다.

        ㄴ. [*]교장선생님은 <u>학생의</u> 상을 주었다.

    (23)으로 볼 때 두 부림말의 관계는 별개로 각각 존재한다고 볼 수
있다.

    또한 (11)에서 겹 부림말 표지 가운데 하나를 다른 토씨로 바꿀 수
있다.

    (24) ㄱ. 언니는 변호사를 <u>며느리로</u> 삼았다.

        ㄴ. 교장선생님은 <u>학생에게</u> 상을 주었다.

    (24)에서 '며느리로'와 '학생에게'는 어찌말들인데, 풀이말 '삼다'

와 '주다'는 세 자리 풀이말로서 어찌말들을 필수요소로 취한다. 그래서 어찌말 대신에 온 부림말 표지는 생략되면 비문이 된다.

(25) ㄱ. [?]언니는 변호사를 <u>며느리</u>∅ 삼았다.

ㄴ. [*]교장선생님은 <u>학생</u>∅ 상을 주었다.

(25)은 '며느리로, 학생에게'처럼 어찌 격토씨'로, 에게' 대신에 온 '를'을 생략해 보면 비문이다. 곧 매김 토씨 '의'와는 달리, 어찌격 토씨와 치환이 되는 '를'은 생략될 수 없는데, 이것은 어찌격 토씨가 '방편, 도구, 자격' 같은 다양한 뜻을 가지면서 풀이말의 필수요소이므로 이 대신에 쓰인 '를'도 생략이 안 되는 것으로 볼 수 있다.

이 표현들도 개념 화자가 먼저 부림말 표지1인 전체에 초점화를 두게 되는데 이 요소가 참조점이 된다. 이 경우도 개념 화자의 관점은 고정되어 있는 것이 아니라 다음 단계로 초점 전이가 일어난다. 다음 부림말 표지2가 초점화되고 이 요소가 목표가 된다. 이 대등 관계 표현은 부림말 표지1의 이름씨항에서 부림말 표지2의 이름씨항으로 초점 전이가 대등하게 일어나므로 대칭적인 전이가 일어난다. 그러므로 앞에서 논의된 제유, 환유의 포섭 관계들은 초점 전이가 부림말1에서 부림말2로 축소 전이가 일어나서 비대칭적인 양상을 보인다면, 대등 관계는 대등 전이가 일어나서 대칭적인 양상을 보인다는 점에서 차이가 난다. 이를 그림으로 나타내면 다음과 같다.

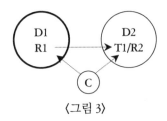

〈그림 3〉

〈그림 3〉은 초점 전이가 D1에서 D2로 대등하게 이루어짐을 보이고 있다.

7.3. 다른 문법 영역 전이로 본 겹 부림말 표지

부림말 표지가 두 번 나타나는 표현 가운데는 두 요소의 문법 범주가 다른 꼴도 있다. 이 유형은 '하다' 풀이씨 꼴'을 포함한 풀이말이나 어찌말에 '를'이 온 표현들이 이에 해당한다.

> (26) ㄱ. 나는 <u>생선을</u> <u>먹지를</u> 못한다.
>
> ㄴ. 우리는 <u>운동을</u> <u>하고를</u> 가자[14].

(26)에서 '를'이 두 번 실현되고 있지만 모두 부림말이라고 볼 수 없다. 이름씨 뒤에 '를'이 오면 부림말이지만 풀이말 뒤의 '를'은 그 기능이 다르기 때문이다. 이들 부림말 표지의 기능을 살펴보면 부림말 표지1은 부림말이라는 격 기능을 가진다면, 부림말 표지2인 '를'은

---

14 '영희는 빨리를 달리지를 못한다.'와 같은 표현에도 부림말 표지가 둘이 오지만, 어찌씨와 움직씨 다음에 오는 것은 둘 다 도움토씨이므로, 이 글에서 논의하고 있는 격토씨와 도움토씨라는 구조와 다르므로 제외하기로 한다.

'먹지를'과 '하고를'처럼 으뜸풀이씨 뒤에 온 것이므로 격 표지가 아니라 월 전체에 걸리는 도움토씨에 해당한다. 그래서 으뜸풀이씨 뒤의 '를'은 명제(propositopn) 내용 전체와 관련이 있는 표지이며, 이 부림말 표지2는 앞의 내용을 초점화하는 기능을 한다고 볼 수 있다. 왜냐하면 풀이말 뒤의 '-를'은 월 명제를 윤곽화하는 기능이 있기 때문이다.

> (27) ㄱ. [나는 <u>생선을</u> 먹-]지를 못한다.
>
> ㄴ. [우리는 <u>운동을</u> 하-]고를 가자.

(27)에서 부림말 표지1은 부림말에 해당하는 이름씨항을 대상화한다면, 부림말 표지2는 명제 전체를 두드러지게 하는 표지에 해당한다. 그러므로 (27ㄱ)의 부림말 표지1은 '생선'이라는 부림말을 참조점으로 하여 탄도체가 되도록 기능을 한다. 다음 부림말 표지2는 월 명제인 [나는 생선을 먹-] 전체에 걸려서 이를 목표로 한다. 곧 부림말 표지1 앞에 오는 이름씨항이 참조점이 되고, 이것에서 확대되어 월 전체가 목표가 되는 것이다. 그러므로 이름씨에서 월 전체로 초점 전이가 일어남으로써 확대 전이가 일어난다고 볼 수 있다. 이는 달리 말하면 부분 요소에서 전체 명제로 확대됨으로써 비대칭적인 전이가 일어난다. 이를 그림으로 나타내면 다음과 같다.

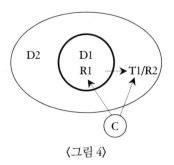

〈그림 4〉

〈그림4〉는 다른 문법 영역으로 초점 전이가 일어나는 것으로서 D1에서 D2로 확대되는 것을 보이고 있다.

이 유형에는 부림말 표지2 앞에 오는 풀이말뿐만 아니라 [서술성]이라는 성분을 갖는 이름씨항들이 오는 경우도 이와 같은 방식으로 설명이 가능하다.

(28) ㄱ. 의사가 백내장을 수술을 시작했다.

ㄴ. 주인이 건물을 증축을 계획했다.

(28)에서 '수술, 증축'은 풀이성 이름씨로서 '-하다' 풀이씨의 '-기' 이름씨꼴로 해석이 가능하다.

(29) ㄱ. 의사가 백내장을 [수술-하기]를 시작했다.

ㄴ. 주인이 건물을 [증축-하기]를 계획했다.

따라서 (29)와 같은 겹 부림말 표지도 다른 문법 영역으로 초점 전이가 일어나서 다음과 같이 해석이 가능하다.

(30) ㄱ. [의사가 백내장을 수술하기]를 시작했다.

ㄴ. [주인이 건물을 증축하기]를 계획했다.

(30)의 부림말 표지2도 명제와 관련되는 표지로 해석 가능하다.

한국어에 나타나는 겹 부림말 표지에 관한 연구는 주로 의미, 문법론적 관점에서 이루어져 왔다. 이 글은 겹 부림말 표지가 오는 이름씨항들을 개념 화자가 어떻게 인지하는가를 밝혀보고자 한 시도이다. 곧 지금까지의 연구들이 언어들끼리의 관련성을 밝히고자 했다면, 이 글에서의 논의는 사람과 언어와의 관련성에 토대를 둔다는 점에서 다르다. 그래서 이 글은 후자의 관점에서 참조점을 중심으로 초점 전이가 어떻게 일어나는가를 살펴보았다. 먼저 크게 '같은 문법 영역으로의 전이'와 '다른 문법 영역으로의 전이'의 두 가지 유형으로 나누었다. 이들을 정리하면 다음과 같다.

첫째, 같은 문법 영역 안에서 초점 전이가 일어나는 경우 제유 관계, 환유 관계, 대등 관계로 나누었다. 제유 관계는 두 이름씨의 관계가 두 단위로 움직인다면 환유 관계는 상대적으로 두 이름씨가 한 단위로 움직임을 보여준다. 반면 환유 관계와 제유 관계의 공통점은 두 이름씨의 관계가 포섭 관계를 이루면서 전체에서 부분으로 축소되어 초점 전이가 일어남으로써 비대칭적인 전이가 일어난다.

둘째, 대등 관계는 부림말 표지1과 부림말 표지2가 대등한 의미 영역 속에서 대칭적인 초점 전이로 일어난다.

셋째 '를'이 이름씨에서 움직씨로 두 개의 다른 문법 영역으로 초

점 전이가 일어나는 경우, 부림말1에서 월 명제로 초점 전이가 확대
되어 일어난다. 이 표현도 비대칭적인 전이에 해당한다.

지금까지 이 글에서는 부림말 표지가 둘 나타나는 표현을 대상으
로 하여 우리가 그들을 개념화하는 과정을 초점 전이로 살펴보았다.
일반적으로 남움직씨 월의 경우 임자말에서 부림말로 전이가 일어
난다. 그런데 '를'이 겹쳐 나타나는 표현의 경우 전이 양상은 축소,
대등, 확대로 나타났다. 이것은 겹 부림말 표지가 올 때의 양상이고
다른 표현의 경우에는 양상이 달라질 것이다. 그래서 다른 영역에서
도 더욱 치밀하면서 구체적인 방법론이 제시된다면 지금 이 논의를
보완할 수 있을 것이다.

제8장

'내가'와 '나에게'의 대비 분석

일반적으로 일인칭 대이름씨는 개념 화자가 말할이로서 언어화되는 것이고, 이를 통하여 개념 화자의 생각, 판단, 감정 따위가 실현된다. 다음 예문들은 '여름이 좋다'는 같지만 일인칭 대이름씨가 '내가'인가 '나에게'인가에 따라서 달라진 표현들이다.

    (1)   ㄱ. 내가 여름이 좋다.

           ㄴ. 나에게 여름이 좋다.

지금까지 (1) '내가'와 '나에게'의 차이는 변형생성문법의 관점에서 두 월은 속구조는 같으나 겉구조로 생성되면서 격표지가 '에게'에서 '가' 붙어서 표현이 달라진 것으로 보기도 하고[1] 또는 표층격으

217

로만 해석하여 '가'는 주격 토씨, '에게'는 어찌 격토씨 로 실현된 것으로서, 이들이 이름씨항과 결합하여 임자말, 어찌말이 되므로 문법적 기능이 다르다고 설명해 왔다.

이 글에서는 주체로 실현된 일인칭의 표현 양식이 다르게 나타나는 것을 대상으로 해서, 표현 형식이 다르면 통사뿐만 아니라 의미적 특징도 다르다는 것을 전제로 취하기로 한다. '내가'와 '나에게'는 '가'와 '에게'가 모두 격토씨이고, 의미가 주체라는 공통점이 있기 때문에 이 두 토씨가 오는 이름씨 항을 비교·대조하기가 적절하다고 본다. 따라서 이들이 오는 두 표현에 나타나는 통사·의미의 차이를 상대적으로 밝혀 보고자 한다. 이를 위한 분석 방법으로서는 일인칭 대이름씨 및 일인칭 대이름씨가 실현된 월을 대상으로 하여 공간 지각(spatial perception)의 관점에서 시각적으로 분석하기로 한다. 이 글에서 '공간 지각'은 '공간 인지'를 말하며[2], 또한 지각/인지 도식

---

1 이윤표(1997 : 106-107)에서는 홑월에 나타나는 주어화를 격문법적인 입장에서 다음과 같은 두 가지 보기를 들고 있다. "(가) 코끼리에게 코 길다. (나) 코끼리에게 코가 길다. (다) 코끼리가 코가 길다." 이들 세 예문은 (가)에서 (나)로 1차 주어화, (나)에서 (다)는 2차 주어화가 일어난다고 본다. 또한 다음과 같은 매김말의 구성 방법에서도 "(가) 코끼리의 코가 길다. (나) 코끼리가 코가 길다." 두 예문의 경우 (가)에서 (나)로 주어화한다고 설명한다. 또한 이윤표(1997 : 208)는 겹월의 경우에도 주어화가 일어난다고 본다. "(가) 박 교수는 그 학설을 틀렸다고 주장했다. (나) 박 교수는 그 학설이 틀렸다고 주장했다." (가)에서 (나)로 임자말 올리기에 의해서 주어화가 일어난다는 것이다.

2 지각은 인지와 밀접한 관계에 있으므로 지각에서 인지로의 전이는 쉽게 일어난다. 보기 들면 '지각하다'가 '이해하다'로, '듣다'가 '이해하다'의 뜻을 갖는 표현들에 반영되어 있다. 영어도 마찬가지인데, 보기를 들면 "(가) I see the mountains.[지각] (나) I see it's raining.[지각 또는 개념 (다) I see your point.[개념]" 이 세 예문을 볼 때 'see'는 본래 지각에서 지각·개념으로 나아가서 개념으로 전이가 일어난다 (임지룡·윤희수 2009 : 434-435)고 볼 수 있다.

(perception/ cognition schema)은 사물에 대한 경험자의 지각적 또는 정신적 인식을 기술한다(임지룡 · 윤희수 2009 : 434-435). 그래서 공간 지각은 추상적 영역도 공간적 도식에 의해 개념화한다고 보고, 이를 공간을 토대로 하여 시각적으로 구조화하여 설명하고자 하는 접근법이다. "공간은 인간 경험의 중심적 · 보편적 양상으로서, 언어적 보편소를 찾을 수 있는 좋은 분야이면서 공간적 범주화를 이해하게 되면 일반적인 인간의 개념적 범주화에 대한 실마리를 찾을 수 있다."(김동환 옮김 2011 : 357)[3]에 근거하고 있다.

8.1. 일인칭 대이름씨의 개념

8.1.1. 사적 자기와 공적 자기

우리가 사태를 인지할 때 관여하는 요소로는 인지하는 주체인 개념 화자, 들을이, 대상이 있어야 하고, 이 밖에도 장소, 시간 따위가 있다. 이들 요소는 언어화될 수도 있고, 그렇지 않을 수도 있는데, 개념 화자가 언어화되는 경우 말할이가 된다. 이 때 개념 화자는 일인칭 대이름씨 '나'로 실현된다.

---

3 이 인용월은 Jordan Zlatev가 쓴 13장 「공간 의미론(Spatial Semantics)」의 일부인데, *The Oxford Handbook of Cognitive Linguistics*(Geeraerts D. & Cuyckens H. 2007 : 356-394)에 수록되어 있다.

(2) ㄱ. 내가 이 일이 참 어렵다.

ㄴ. 나에게는 이 일이 참 어렵다.

이 월들에서 모두 말할이인 '나'두 실현되었지만 '내가'는 임자말로, '나에게'는 어찌말로 다루어 왔다. 그런데 ㄱ과 ㄴ에서 '나'의 의미 기능은 모두 주체(subject)이므로 (2ㄴ)의 '나에게'도 '에게'라는 어찌격 토씨가 왔지만 월 성분은 어찌말이 아니라 임자말의 기능을 한다고 볼 수 있다. 따라서 이 '에게'도 특수한 주격 토씨로 다루어야 한다[4]. 본래 토씨 '에게'는 어찌격 토씨 가운데 위치자리 토씨이기는 하지만, 임자말 자리에 오는 '에게'는 원래의 어찌말과는 차이가 있다.

(3) ㄱ. <u>나에게</u> 돈이 있다.

ㄴ. 나는 책을 <u>친구에게</u> 주었다.

(3)은 모두 토씨 '에게'가 왔지만, (3ㄱ)의 '나에게'는 의미역이 경험주(Experiencer)이고 문법적 역할은 임자말의 기능을 한다. 하지만 (3ㄴ)의 '친구에게'는 의미역이 수혜자(Benefactive)이면서 도달역(Goal)이고 문법적 역할은 어찌말이다. 따라서 (3ㄱ) '나에게'는 임자말 '내가'로 바꿀 수 있지만, (3ㄴ)의 '친구에게'는 '친구가'로 바꿀

---

4 고영근·구본관(2008 : 277)에서도 두 개의 '에서'가 있다고 다루고 있는데, "서울시에서 월드컵 광장을 만들었다."에서 '서울시에서'는 '서울시에서 근무하는 공무원들이'로 해석되어 특수한 주격 토씨로 보아야 하지만, '운동장에서 학생들이 공을 찬다.'에서 '에서'는 처소 어찌 토씨로 본다.

수 없다.

(4)　ㄱ. <u>내가</u> 돈이 있다.

　　　ㄴ. *나는 책을 <u>친구가</u> 주었다.

이 글에서는 두 '에게' 가운데 (3ㄱ)처럼 임자말의 기능을 하는 것을 대상으로 하기로 한다. 일인칭 대이름씨의 언어화는 공간 지각의 관점에서 다시 해석해 볼 수 있다. 이를 위해서 개념 화자와 말할이와 언어로 표현된 일인칭 대이름씨의 세 가지로 분리해 보면, 먼저 말을 생성하는 머릿속의 '나'가 있고, 다음 말할이로서 '나'가 있고, 그 다음 언어로 표현된 '나'가 있음을 전제해 볼 수 있다. 일인칭으로 언어화되는 경우, 개념 화자는 말할이가 되고 일인칭 대이름씨로써 실현하게 된다. 따라서 일인칭 대이름씨의 실현은 개념 화자인 말할이가 언어로 실현된 '나'를 바라보고 있는 양상으로 바꾸어 볼 수 있다. 곧 개념 화자가 언어 표현 속의 나를 바라보는 것으로 공간에 바탕을 둔 시각적인 설명이 가능하다. 이때 개념 화자는 어떤 위치에서 대상을 바라보는 시선을 취하게 되는데, 개념 화자가 외부 세계를 인지할 때 인지하는 주체가 취하는 위치를 관찰점(point of observation)이라고 부른다. 그래서 일인칭 대이름씨를 다음과 같이 시각적인 방식으로 정의할 수 있다.

　　　일인칭 대이름씨란 개념 화자가 자기가 언어화한 사태 속에서 자기
　　　자신을 바라보는 것.

그리고 이를 간략히 〈개념 화자(말할이)⇒'나'〉로 도식화할 수 있다.

그런데 일인칭 대이름씨는 언어로 실현될 수도 있고 그렇지 않을 수도 있다.

> (5) ㄱ. 아이가 멀리 떨어져 놀고 있다.
>
>   ㄴ. 아이가 <u>나에게서</u> 멀리 떨어져 놀고 있다.

(5ㄱ)은 개념 화자가 드러나지 않은 표현이고, (5)ㄴ은 '나에게서'라는 개념 화자에 해당하는 일인칭이 나타난 표현이다. 전자는 개념 화자가 함축된 표현으로서 개념 화자가 상황의 내부에 위치해 있다면, 후자는 '나'가 기준점으로서 관찰점이 되어 '나'를 바라보는 표현이다. 이런 특징에 의하여 (5ㄱ)은 '사적 자기(private self)', (5ㄴ)은 '공적 자기(public self)'라고 부르기로 한다.

풀이씨 가운데 심리 움직씨는 일인칭 대이름씨만 취하고 이 · 삼인칭 대이름씨는 올 수 없다.

> (6) ㄱ. 오늘은 내가 추위가 느껴지네.
>
>   ㄴ. 오늘은 {*너/*그}가 추위가 느껴지네.

'느끼다'는 심리 움직씨로서 임자말의 자리에 일인칭 대이름씨가 오지만(6ㄱ), 이인칭, 삼인칭 대이름씨는 올 수 없다(6ㄴ). 이처럼 일인칭 대이름씨만을 취하는 심리 움직씨로는 '알다, 모르다, 이해하

다, 오해하다/ 기억하다, 잊다/ 느끼다, 놀라다, 깨닫다/ 믿다, 생각하
다, 사랑하다(서정수 1996 : 619-623)' 따위를 들 수 있다.

일인칭 대이름씨는 매김 토씨와 함께 실현될 때도 공적 자기와 사
적 자기가 있다.

    (7)   ㄱ. 어머니가 저기 가시네.

          ㄴ. [?]나의 어머니가 저기 가시네.

          ㄷ. 우리 어머니가 저기 가시네.

한국어에서 소유 표현의 경우 (7ㄷ)처럼 '우리 어머니'라고 하든
가, (7ㄱ)처럼 '어머니'라고만 한다. 그러므로 (7ㄱ)은 개념 화자가 전
제만 되고 나타나지 않은 사적 자기이고, (7ㄷ)은 일인칭 대이름씨가
복수로 실현된 공적 자기이다. 이때 '우리'는 '가족'이라는 집단적 영
역을 배경으로 하여 이 영역 속의 다른 가족과 나를 동일시한다. 이
처럼 우리말에서는 말할이가 한 사람인데도 '우리'로 표현하는 특별
한 공적 자기가 있다.

그런데 '우리'는 '나'뿐만 아니라 범위가 확대되는데, 상황에 따라
서 범위는 상대적으로 달라진다.

    (8)   ㄱ. 우리에게 대학의 자유를 누릴 권리가 있다.

          ㄴ. 우리에게 통일이라는 과제가 있다.

          ㄷ. 우리에게 삶은 무거운 짐이다.

'우리'는 복수 일인칭 대이름씨로서 범위가 상대적인데, (8)에서 ㄱ은 '대학생', ㄴ은 '우리 민족', ㄷ은 '사람'을 가리킨다. 이를 지각적으로 바꿔 보면, '우리'의 범위에 '나'가 포함되므로 개념 화자는 '우리'라는 집단 속의 한 요소로서 나를 바라보는 것으로 해석된다.

이로 볼 때 공적 자기 '나'는 첫째, 일인칭 대이름씨인 '나'가 개념 화자로서 한 개인인 말할이를 일대 일의 관점에서 바라보는 것과 둘째, 개념 화자가 '우리'라는 집단 속에서 집단 속의 '나'를 바라보는 두 가지 양상이 있다.

8.1.2. 절대적 자기와 상대적 자기

일인칭이 언어화된 공적 자기는 절대적으로 실현되기도 하지만 상대적으로도 실현된다. 곧 우리가 자기 자신을 가리킬 때 상대방을 고려하는 경우와 그렇지 않은 경우도 있기 때문이다. '나'는 자기 자신을 가리키는 가장 일반적인 일인칭 대이름씨로서, 말할이가 들을이의 신분, 지위, 성별을 고려하지 않고 중화해서 부를 때를 '절대적 자기(absolute self)'라고 한다. 이에 대해서 '짐', '소자', '불효자' 따위처럼 말할이가 상대방을 고려하여 자기 자신을 낮추기도 하고 높이기 위해서 쓰는 경우는 '상대적 자기(relative self)'라고 한다[5].

그런데 이 두 가지 자기가 항상 구별되는 것이 아니라, 한 표현이

---

5 들을이를 고려하는 다른 보기들을 들면 다음과 같다.
   ① 마침법 씨끝으로서 '-네',   ② 시킴법 씨끝으로서 '-아라/어라'
   ③ 부름말로서 '여보', '당신'   ④ 대답말로서 '예', '아니요'
   ⑤ 높임 안맺음 씨끝으로서 '-습-'   ⑥ 인용 표현으로서 '-고 말씀하시다'

두 기능을 동시에 실현하기도 한다. 보기 들면 말할이가 화단에 핀 꽃을 보고 "꽃이다."라고 했을 때 하나는 느낌 표현으로 혼자 할 수 있고, 다른 하나는 들을이에게 "예쁜 꽃을 좀 보아라."라는 시킴으로 말할 수도 있다. 이 경우 전자는 평서법 씨끝으로 실현된 절대적 자기, 후자는 시킴법 씨끝으로 실현된 상대적 자기이다.

현대 한국어에서 높임의 환경으로 볼 때 일인칭 대이름씨는 크게 '나'와 '저' 두 가지가 있는데, 이 두 대이름씨의 차이점은 '나'는 절대적 자기에 오고 '저'는 상대적 자기에 주로 온다. '저'는 말할이가 절대적인 자기 대신에 상대적인 자기를 가리키기 위해서 선택된다[6].

둘째, 상대적 자기의 한 방법으로서, '나'를 대신하여 상황에 따라서 '엄마, 딸, 선생님, ……'이라고 부르기도 한다. 다음은 어머니가 아이에게 자기를 일컫는 지시 표현들이다.

(9) ㄱ. 나에게 우유 좀 줄래?

ㄴ. 엄마에게 우유 좀 줄래?

(9ㄴ)의 '엄마'는 '청자를 고려한 화자 전환 현상이 드러난 표현이다. 청자의 이해를 돕기 위한 화자의 배려가 엿보이는 표현이다(권

---

6 이 두 일인칭 대이름씨를 되풀이하는 경우 '자기'와 '제'라는 재귀 대이름씨가 있는데, '나'의 경우는 '자기'가, '저'의 경우는 '제'가 자연스럽다.

ㄱ. 나는 {자기/[?]제} 일은 스스로 하는 편이다.

ㄴ. 저는 {[?]자기/제} 일을 스스로 하고 있습니다.

일인칭 대이름씨는 개념 화자가 자기 스스로를 나타내는 가장 일반적인 방법이다.

순희 2005 : 105). 이 경우 '엄마'는 일인칭의 기능을 하므로 일반 이
름씨와는 다른 용법이다[7].

그래서 상대적 자기는 절대적 자기와 치환이 가능하다.

    (10) ㄱ. 엄마에게 말 좀 해.

        ㄴ. 엄마 대신에 좀 가 줄래?

    (11) ㄱ. 나에게 말 좀 해.

        ㄴ. 나 대신에 좀 가 줄래?

    (11)은 상대적 자기 '엄마'를 절대적 자기 '나'로 바꾼 것이다[8]. 이
밖에도 '아빠, 형, 누나, 선생님, ……' 같은 친지를 가리키는 이름씨
들도 일인칭 대신 쓰일 수 있다. 반면 '정부, 회사'같은 단체는 일반
적으로 절대적 자기의 기능을 갖지만, 이런 일반 이름씨도 상대적
자기로 쓰이기도 한다.

    (12) ㄱ. 은행이 고객을 왕으로 모실 것을 약속드립니다.

        ㄴ. 정부가 책임지겠습니다.

---

7 "Help ME!"라는 말은 '나'와 '너'를 구별해 내가 모자라는 힘만 너에게 빌리자는 말이
고 한국말의 "사람 살려!"라는 말은 '나'와 '너'의 구별 없이 그저 사람을 살려 달라는
말이다. '사람을 살려 달라'는 표현은 자기의 노력은 하나도 없이 진적으로 남에게서
구원을 받고자 하는 말같이 들려, 좀 무기력한 호소같이 들리기도 한다(박명석 1979 :
179~181)고 하지만, 우리말에서는 위급한 상황 속에서도 자기 자신을 사물화해서 타
인화하는 의식이 있다고 볼 수 있어서 우리의 체면 문화와도 관련이 있지 않을까 한다.

8 '아버지'가 호칭으로 쓰이는 경우, 김미형(1994 : 98)도 "격한 대립을 나타낼 때는
'아버지'보다는 '내가'가 더 적절하고, 그렇지 않고 엄격한 대립이 없이 아버지와 아들
의 다정한 대화일 때는 '나'보다 친밀감을 주는 호칭을 사용하게 된다."고 설명한다.

(12)의 '은행', '정부'는 '은행원', '정부에서 일하는 사람'을 가리키는 환유 표현으로서, 이들이 '모시다', '약속드립니다', '책임지겠습니다'와 같은 상대 높임 표현을 함으로써 자기를 낮추는 상대적 자기를 취하고 있다.

8.2. '내가'와 '나에게'의 대비 분석

8.2.1. '내가'와 '나에게'의 통사적 차이

앞 장에서 상대적 자기를 절대적 자기로 바꾸어 보았는데, 사적 자기도 공적 자기로 바꿀 수 있다. 보기 들면 '꿈이 있어요'라는 표현은 개념 화자가 드러나지 않으므로 사적 자기이고, 다음 표현은 공적 자기가 실현된 것이다.

(13) ㄱ. <u>내가</u> 꿈이 있어요.

ㄴ. <u>나에게</u> 꿈이 있어요.

(13)에서 개념 화자는 '내가', '나에게'로 실현된 공적 자기이다.

그런데 모든 표현들에서 이 두 꼴이 다 성립하는 것은 아니다. 곧 '내가'는 성립하지만 '나에게'는 안 되기도 하고, '내가'는 안 되지만 '나에게'는 성립하기도 하고, '내가'와 '나에게'가 다 성립하는 세 유형이 있다. 이들을 차례로 살펴보기로 한다.

⟨1⟩ '내가'는 되지만 '나에게'는 성립하지 않는 보기부터 보기로 한다. 개념 화자의 심리 상태 변화를 나타내는 표현에는 일인칭이 생략 된 사적 자기들이 있다.

    (14) ㄱ. 현빈이 점점 좋아지고 있다.

          ㄴ. 선생님이 점점 무서워진다.

(14)의 '좋아지다', '무서워지다'는 두 자리 풀이씨로서 개념 화자 가 대상(object)인 '현빈'이나 '선생님'을 바라보는 심리적인 관점이 변하고 있음을 보이는 표현이다[9]. 그런데 언어로 표현될 때는 개념 화자가 생략된 채 대상만 실현된 것이다. 이들 사적 자기는 개념 화 자가 나타나는 공적 자기로 바꿀 수 있다.

    (15) ㄱ. 내가 현빈이 점점 좋아지고 있다.

          ㄴ. 내가 선생님이 점점 무서워진다.

'내가'는 개념 화자이고 겹 임자말 월의 임자말이다. 일반적으로 겹 임자말 월은 임자말로 실현되는 두 이름씨항의 의미 관계(sense relation)가 부분-전체 관계(part-whole relation), 수량, 종류 따위로 주로 이루어져 있다. 겹 임자말 월에서 첫째 이름씨 항을 이름씨항1,

---

9 '좋다'가 '싫다'와 짝을 이루는 심리 그림씨가 아니라 '나쁘다'에 대비되는 뜻으로 사용되는 형상 그림씨의 경우에는 '현빈은 점점 좋은 상태로 변해가고 있다'라는 한 자리 풀이씨에 해당한다. 그런데 본문의 '나는 현빈이 좋다'의 '좋다'는 두 자리 풀이씨이므로 한 자리 풀이씨와는 다르다.

둘째 이름씨항을 이름씨항2라고 하면, (3)은 두 이름씨항1인 '내가'가 이름씨항2에 해당하는 대상에 관한 심리 상태 변화를 나타내는데, '심리'란 사람을 이루는 내면의 일부로서, 말할이가 대상에 대한 주관적인 감정, 생각 따위를 드러내는 표현이다. 따라서 이 두 이름씨항의 의미 관계도 부분-전체 관계 또는 계층적으로 상하 관계(hyponymy)를 이루고 있으므로, 전체적으로 이름씨항1인 '나'에 관한 내용으로 되어 있다고 볼 수 있다. 그래서 이 월들은 '나에게'로는 실현되지 않는다.

(16) ㄱ. *나에게 현빈이 점점 좋아지고 있다.
ㄴ. *나에게 선생님이 점점 무서워진다.

(16)처럼 심리 상태 변화 표현은 '내가'는 성립하지만 '나에게'는 성립하지 않는다.

또한 이런 현상은 심리 그림씨가 오는 표현에도 그대로 적용된다. 이에 해당하는 그림씨로는, '좋다, 싫다, 밉다, 기쁘다, 슬프다, 즐겁다, …' 따위를 들 수 있다.

(17) ㄱ. 기분이 좋다.
ㄴ. 국수가 싫다.

(17)은 사적 자기 표현인데, 이를 공적 자기 표현으로 바꾸어 보면 '내가'는 성립하지만, '나에게'는 부자연스럽다.

(18) ㄱ. 내가 기분이 좋다.

ㄴ. 내가 국수가 싫다.

(19) ㄱ. *나에게 기분이 좋다.

ㄴ. *나에게 국수가 싫다.

지금까지 논의로 볼 때 개념 화자의 심리 상태 변화 표현과 심리를 나타내는 표현들에서 개념 화자는 '내가'만 가능하고 '나에게'로는 실현되지 않는다. 이들은 개념 화자의 '심리'라는 내면과 관련된 표현들로서, 개념 화자와 그 대상은 분리가 될 수 없으므로 둘은 밀접한 관련성이 있다고 볼 수 있다.

(2) 다음은 '내가'는 성립하지 않고, '나에게'만 성립하는 표현을 보기로 한다. 보기 들면 제움직씨가 오는 표현들의 일부를 들 수 있다.

(20) ㄱ. 빌딩이 움직인다.

ㄴ. 침대가 돈다.

(20)은 '움직이다', '돌다'라는 제움직씨가 온 월로서, 개념 화자는 정지한 채 대상을 바라볼 수도 있고, 개념 화자도 움직이면서 대상을 바라보면서 표현할 수도 있다[10]. 그런데 두 표현 모두 개념 화자는 나타나지 않고 그 시선만 움직이는 사적 자기들만 실현되고 있는

---

10 개념 화자가 실질적으로 이동하는 것이 아니라 개념 화자의 심적 경로(mental path)를 보이는 표현은 심리적 이동에 해당하고, 이때 관여하는 기제를 주관화(subjectification)라고 한다.

데, 이들을 공적 자기로 바꾸면 다음과 같다.

    (21) ㄱ. [?]내가 빌딩이 움직인다.

       ㄴ. [?]내가 침대가 돈다.

    (22) ㄱ. 나에게 빌딩이 움직인다.

       ㄴ. 나에게 침대가 돈다.

  (21), (22)에서 '나에게'는 성립하지만, '내가'는 어색하다. (22)에서 두 번째 이름씨항인 '빌딩', '침대'는 '행동주(Agent)'이고, '나에게'의 '나'는 경험주이다. 이 표현들에서 행동주인 '빌딩'이나 '침대'의 움직임은 지진 같은 천재지변 등으로 인하여 자발적으로 일어날 수도 있고 또는 대상과 함께 개념 화자도 동시에 움직일 수도 있다. 또한 대상은 움직이지 않는데도 개념 화자가 대상이 움직인다고 느끼는 것도 있을 수 있다. 이로 볼 때 이때 오는 제움직씨는 자발성을 띠면서, 이 움직임을 바라보는 개념 화자의 판단, 경험, 생각 따위가 드러나는 표현들이 이에 해당한다. 그러므로 '나에게'만 성립하는 표현에서 말할이와 대상과의 관계는 두 개의 다른 개체이므로, 한 개체에 관한 표현인 '내가'에 비하면 둘의 관련성이 덜 하다고 볼 수 있다.

  〈3〉 다음은 '내가'와 '나에게'가 모두 성립하는 보기들이다. 먼저 사물의 상태 변화를 나타내는 표현들이 이 유형에 속한다.

    (23) ㄱ. 손전화가 망가졌다.

       ㄴ. 꽃병이 깨어졌다.

(23)은 대상인 '손전화', '꽃병'의 상태가 변한 것을 보이고 있다. 이 두 표현들도 개념 화자가 언어로 실현되지 않은 사적 자기로서 이것을 공적 자기로 바꾸어 보기로 한다.

(24) ㄱ. 내가 손전화가 망가졌다.

ㄴ. 내가 꽃병이 깨어졌다.

(25) ㄱ. 나에게 손전화가 망가졌다.

ㄴ. 나에게 꽃병이 깨어졌다.

(24), (25)로 볼 때 대상의 외형적 상태 변화를 나타내는 표현에서는 '내가'와 '나에게'가 다 성립한다.

마찬가지로 어떤 대상의 상태를 나타낼 때도 '내가'와 '나에게'가 다 성립한다. 보기 들면 맛 그림씨를 들 수 있다.

(26) ㄱ. 단감이 달다.

ㄴ. 매실이 시다.

'달다', '시다'는 맛 그림씨로서, 이들이 풀이씨로 온 (26)도 개념 화자가 드러나지 않은 사적 자기 표현들이다. 이들 표현도 '내가'와 '나에게'가 다 성립한다[11].

---

11 예문 (26)을 영어로 바꾸면 일인칭 대이름씨 'I'가 나타난다.

(27) ㄱ. 내가 단감이 달다.

ㄴ. 나에게 단감이 달다.

(28) ㄱ. 내가 매실이 시다.

ㄴ. 나에게 매실이 시다.

(27), (28)을 볼 때 '내가'와 '나에게'가 다 성립하는 표현은 사물의 상태 변화나 상태를 보이는 표현임을 알 수 있다[12].

8.2.2. '내가'와 '나에게'의 의미적 차이

지금까지 '내가'가 성립하는 표현은 말할이의 내면과 관련된 심리 상태 변화 또는 심리를 나타내는 것으로서 말할이와 대상과는 밀접한 관련성이 있고, '나에게'가 성립하는 표현은 말할이와 대상과의 관련성이 '내가'보다 상대적으로 덜 밀접한 것으로 나타났다. 그러므로 '나에게'가 성립하는 경우는 '내가 보기에' 정도로 치환이 가능하다. 먼저 (22), (25), (27ㄴ), (28ㄴ)은 '나에게'가 성립한 표현들로서 다음과 같이 바꿀 수 있다.

(29) ㄱ. 내가 보기에, 빌딩이 움직인다.

ㄴ. 내가 보기에, 침대가 돈다.

(30) ㄱ. 내가 보기에, 손전화가 망가졌다.

---

12 '내가'와 '나에게'가 다 성립하는 표현들은 이 밖에도 많이 찾아볼 수 있다.

ㄴ. 내가 보기에, 꽃병이 깨어졌다.

(31) ㄱ. 내가 보기에, 단감이 달다.

ㄴ. 내가 보기에, 매실이 시다.

그러나 '내가'가 성립하는 경우는 치환이 되지 않는다. (15), (18)에 '내가 보기에'를 넣어 보면 어색하다.

(32) ㄱ. *내가 보기에, 현 빈이 점점 좋아지고 있다.

ㄴ. *내가 보기에, 선생님이 점점 무서워진다.

(33) ㄱ. *내가 보기에, 기분이 좋다.

ㄴ. *내가 보기에, 국수가 싫다.

(32), (33)을 볼 때 '내가'가 성립하는 월은 말할이의 내면과 관련된 내용이므로, '내가 보기에'라는 객관적인 관찰점을 취하면 맞지 않다. 이를 공간 지각적인 관점에서 보면 '내가' 월은 개념 화자가 자기와 관련된 사태를 표현한 이름씨항1을 바라보는 표현이라고 하면, '나에게' 월은 개념 화자가 대상인 이름씨항2를 바라보는 것으로 해석 가능하다. 따라서 개념 화자의 관점에서 본다면 이름씨항1이 이름씨항2보다 심리적인 거리가 더 밀접한 관련성이 있다고 볼 수 있고, 이것은 '내가' 월에서 '대상'이 '나에게' 월보다 상대적으로 개념 화자에 더 밀접한 것으로 해석할 수 있다[13].

---

13 김흥수(1989 : 99)에서는 토씨 '-는'과 '-에(게)'가 오는 경우를 주격 구문과 처격 · 여격 구문이라고 부르고 이들 사이에 나타나는 의미 차이를 다음과 같이 설명한

그러므로 '내가'가 성립하는 표현은 말할이와 대상과의 관계가 밀접하므로, 이때는 '솔직히', '정직하게'처럼 말할이의 내면을 꾸미는 어찌말을 넣어 보면 성립한다.

    (34) ㄱ. 솔직히 현빈이 좋아지고 있다.

       ㄴ. 솔직히 손전화가 망가졌다.

       ㄷ. 솔직히 단감이 달다.

그렇지만 '나에게'의 경우는 개념 화자의 내면 세계가 아니라 대상의 움직임을 나타내는 표현이므로 '솔직히'가 들어가면 본래의 뜻과는 다르다[14].

    (35) ㄱ. ?솔직히 빌딩이 움직인다.

       ㄴ. ?솔직히 침대가 돈다.

(35)가 어색하다고 한 것은 '솔직히'가 들어감으로써 '나에게 빌딩이 움직인다.'나 '나에게 침대가 돈다.'와는 다른 뜻이 되기 때문이다.

다. "(가) 나는 지금 걱정이 없다. (나) 석훈이(에게)는 {호기심, 질투심, 욕심, 겁, …}이 많다." 두 예문에서 (가)는 경험, (나)는 속성의 대비가 있고, 또 다른 예문 "(가)이 집 막걸리는 맛(이) 있다. (나) 막걸리에는 신맛이 있다." 이들 두 월에서 (가)는 주관적·경험적 속성과 (나)는 객관적·물리적 속성의 대비가 있다고 설명한다.

14 김흥수(1989 : 99-100)에서도 경험 표현에 처격·여격 구문이 못 쓰인다고 보고 있다. "(가) 내{∅, ?에게}는 너한테 {감정, 마음, 관심, 흥미}이(가) 있다. (나) 나는 책 {이, *에} 어찌나 재미(가) 있는지 밤을 새웠다." 두 예문은 경험을 보이는 월에 토씨 '에(게)'가 왔기 때문에 어색하거나 비문이 된 보기들이다.

이러한 언어 현상은 비슷한 다른 표현에도 적용해 볼 수 있다. 다음 표현들도 사적 자기가 실현되고 있다.

(36) ㄱ. 학생들이 해마다 젊어진다.

ㄴ. 몸무게가 자꾸 늘어난다.

(36ㄱ)은 말할이가 선생님으로서 입학생이 해마다 어려지고 있음을 표현한 것이고, (36ㄴ)은 말할이가 자기 자신의 몸무게 상태가 변하고 있음을 표현하고 있다. 그러므로 위 표현에서 ㄱ의 '학생'은 말할이가 바라보는 대상이므로 이름씨항2에 해당한다. 이것에 대해서 ㄴ은 말할이인 '나'의 상태와 관련된 내용으로서, 이름씨항1이 중심이 되고 있다. 따라서 (36) 두 월의 차이는 사적 자기를 공적 자기로 바꾸면 드러난다. 먼저 (36ㄱ)부터 '내가'와 '나에게'로 바꾸어 보기로 한다.

(37) ㄱ. *내가 학생들이 해마다 젊어지고 있다.

ㄴ. 나에게 학생들이 해마다 젊어지고 있다.

(37)을 보면 '나에게'만 성립한다. 그러므로 (37ㄴ)은 '내가 보기에'로 바꾸면 성립하지만, '솔직히'는 어색하다.

(38) ㄱ. *?솔직히 학생들이 해마다 젊어지고 있다.

ㄴ. 내가 보기에, 학생들이 해마다 젊어지고 있다.

(38)의 월은 개념 화자가 이름씨항2에 해당하는 학생을 바라보면
서 하는 표현이므로 개념 화자와 학생과는 어느 정도 거리를 두고
있다고 볼 수 있다. 따라서 개념 화자는 관찰자(observer)이고, 이 월
의 중심은 대상인 '학생'이다. 따라서 '나에게'가 성립하면 〈대상 중
심〉이라고 볼 수 있다.

그런데 (36ㄴ)은 '내가'만 성립하고, '나에게'는 성립하지 않는다.

(39) ㄱ. 내가 몸무게가 자꾸 늘어난다.

　　ㄴ. *나에게 몸무게가 자꾸 늘어난다.

(39)는 '내가'만 성립하므로, 이 월은 말할이와 관련된 내용이다.
따라서 '내가 보기에'로 바꾸면 성립하지 않지만 '솔직히'는 성립
한다.

(40) ㄱ. 솔직히 몸무게가 자꾸 늘어난다.

　　ㄴ. *내가 보기에, 몸무게가 자꾸 늘어난다.

(40ㄴ)이 비문인 이유는 몸무게가 말할이 자신의 것인데, '내가 보
기에'처럼 말할이가 객관적 관찰자의 관점을 취하면 모순이 생긴다.
그러므로 '내가'가 성립하면 〈말할이 중심〉이라고 볼 수 있다.

지금까지 논의를 정리하면, '내가'가 성립하면 〈말할이 중심〉이고,
'나에게'가 성립하면 〈대상 중심〉이라는 상대적인 차이를 찾을 수 있
다. 이를 시각적인 관점에서 달리 말하면 전자는 개념 화자가 언어

로 표현된 '나'를 바라보는 표현이고, 후자는 개념 화자가 언어로 표현된 '대상'을 바라보는 표현이다.

이 글에서는 공간 지각의 관점에서 일인칭 대이름씨 및 일인칭 대이름씨가 실현된 표현을 대상으로 하여 시각적으로 살펴보았다.

일인칭이 언어화되지 않은 표현은 말할이가 전제되거나 함축되어 숨어서 나타나지 않으므로 사적 자기라고 하고, 일인칭이 언어화된 경우를 공적 자기라고 한다. 또한 누구나 상대방 고려 없이 자기 자신을 가리키는 절대적 자기가 있고, 상대방을 고려하는 상대적 자기가 있다.

개념 화자가 공적 자기로 언어화될 경우, 주체의 기능을 하면 일인칭 대이름씨 '내가' 또는 '나에게'로 실현된다.

'내가'가 성립하는 표현은 말할이의 내면과 관련된 심리 상태 변화 또는 심리를 나타내는 것이고, '나에게'가 성립하는 표현은 대상의 상태 변화 또는 상태를 나타내는 것이다. 곧 '내가'가 성립하는 표현은 첫 번째 이름씨항인 말할이와 대상과 밀접한 관련성이 있고, '나에게'가 성립하는 표현은 말할이와 대상 사이가 상대적으로 덜 밀접하다고 볼 수 있다.

그래서 '나에게'가 성립하는 경우는 '내가 보기에'로 치환이 가능하고, '내가'가 성립하는 표현은 '솔직히'로 치환이 가능하다. 이를 달리 말하면 '내가'가 성립하면 〈말할이 중심〉이고, '나에게'가 성립하면 〈대상 중심〉 표현이다.

이를 공간 지각의 관점에서 보면 '내가'가 오면 개념 화자가 언어로 표현된 '나'를 바라보는 표현이고, '나에게'가 오면 개념 화자가 언어로 표현된 '대상'을 바라보는 표현이라는 시각적인 분석이 가능하다.

개념화와
의미 해석

참고 문헌

강우원(2008).『화용과 텍스트』, 박이정.

고영근・구본관(2008).『우리말 문법론』, 집문당』, 102-104, 277, 313. 314.

권재일(1992).『한국어 통사론』, 민음사.

길본일(2006). 시간 표현의 인지언어학적 연구, 부산대학교 대학원 국어국문
학과 박사학위논문.

김경학(1996). 목적어의 의미와 기능에 대하여, 담화와 인지 제2권, 담화・인
지언어학회, 75-91, 81-84.

김동환(2001). 주관화와 의미 확장, 현대 문법 연구 23, 현대문법학회, 127-148.

김동환(2005).『인지언어학과 의미』, 태학사, 261, 255, 480-484, 542.

김동환 옮김(2011).『인지언어학 옥스퍼드 핸드북』, 로고스라임(Geeraerts, D.
& Cuyckens, H. (2007). The Oxford Handbook of Cognitive Linguistics,
Oxford University Press), 357.

김미형(1995).『한국어 대명사』, 한신문화사, 98.

김민수(1971).『국어문법론』, 서울: 일조각, 133-139.

김봉모(1983). 국어 매김말 연구, 문학박사 학위논문, 부산대 대학원.

김봉모(1996).『국어문법 연구』, 세종출판사.

김봉모(2006). 『김정한 소설 어휘 사전』, 세종출판사.

김봉주(1988). 『개념학』, 한신문화사.

김성도(2006). 『퍼스의 기호 사상』, 민음사, 135-195.

김수태(1999). 『인용월 연구』, 부산대 출판부.

김수태(2005). 『마침법 씨끝의 융합과 그 한계』, 박이정.

김언주(1998). 『우리말 배합 구성의 문법』, 세종출판사.

김영송(1983). 한국어 시제의 아스뻬와 모달리떼, 언어 연구 3집, 부산대 어학 연구소.

김인택(1997). 『한국어 이름마디의 문법』, 세종출판사.

김일웅(1982). 지시의 분류와 지시사 '이, 그, 저'의 쓰임, 한글 제178호, 한글 학회, 53-88.

김일웅(1984). 풀이말의 결합가와 격, 한글 186호, 한글학회.

김종도(2002). 『인지문법의 디딤돌』, 박이정, 89-91, 121-130.

김종도(2003). 『은유의 세계』, 경진문화사.

김종도(2005). 『환유의 세계』, 경진문화사, 164.

김종도 옮김(1998). 『인지문법의 토대 Ⅰ』, 박이정. (R.W.Langacker(1987). Foundations of Cognitive grammar Vol.1. Standford : Standford University press), 228, 150-155, 123-145, 137, 138.

김종도 옮김(1999). 『인지문법의 토대 Ⅱ』, 박이정.(R.W.Langacker(1991). Foundations of Cognitive grammar Vol.Ⅱ. Standford : Standford University press).

김종도 · 나익주 옮김(2001). 『문법과 개념화』. 박이정.(R.W.Langacker(1999). Grammar and Conceptualization. Berlin : Mouton de Gruyter), 443, 310-311, 311, 445, 447-458.

김중현(2001). 국어 공감각 표현의 인지언어학적 연구, 담화와 인지 8-2, 담화 · 인지언어학회, 23-46, 33, 37.

김진수(1985). '이, 그, 저'와 시간 명사—때, 적, 제, 즈음'을 중심으로, 언어연구(대전) 2.

김진우(1999). 『인지언어학의 이해』, 한국문화사.

김흥수(1989). 현대국어 심리동사 구문 연구, 국어학회, 99, 99-100.

나익주(2005). 『개념 영상 상징 : 문법의 인지적 토대』, 박이정.

나익주 옮김(2003). 『마음의 시학』, 한국문화사.

나익주 · 요시모토 하지메 옮김(2015). 『자연 언어의 의미 구성 양상』, 한국문화사.

나찬연(2004).『우리말 잉여표현 연구』, 월인.

나찬연(2007).『언어와 국어』, 제이앤씨.

나찬연(2012).『현대 국어 문법의 이해』, 월인.

남기심·고영근(1992).『국어문법론』, 탑출판사.

남기심(2001).『현대 국어 통사론』, 태학사.

문금현(1999).『국어의 관용 표현 연구』, 국어학회.

남성우 옮김(1979).『의미론의 원리』, 탑출판사, 286-315.

박권생 옮김(2007).『인지심리학: 이론과 적용』, 시그마프레스.(Stephen K. Reed. (2006). Cognition : Theory and Applications, Thomson Leaning.), 214, 404.

박 동근(2000). '웃음 표현 흉내말'의 의미 기술, 한글 247, 한글학회, 163-187.

박 동근(2008).『한국어 흉내말의 이해』, 역락.

박상업(2010).『과학과 인문 at eyes』, 북스힐.

박선자(1996)『한국어 어찌말의 통어의미론』, 세종출판사.

박선자(2005).『우리 말본과 인지』, 부산대학교 출판부.

박선자·김문기·정연숙(2014).『한국어 시늉말 사전』, 세종출판사.

박양규(1975). 소유와 소재, 국어학 3, 국어학회.

박영순(2000).『한국어 은유 연구』, 고려대 출판부.

박영환(1990). 국어 지시어의 연구, 고려대학교 박사학위 논문.

박지홍 (1986).『우리 현대 말본』, 서울:과학사.

박태권 (1978). 번역 노걸대의 기리킴말에 대한 의미론적 연구, 언어 연구 1집.

박홍길 (1997).『우리말 어휘 변천 연구』, 세종출판사.

배도용 (2002).『우리말 의미 확장 연구』, 한국문화사, 80, 80-89.

변정민(2005).『우리말의 인지 표현』, 월인, 55, 64.

서정수(1996).『국어 문법』, 한양대 출판원, 한양대, 619-623, 697-698.

손세모돌(1996).『국어 보조용언 연구』, 한국문화사.

손영숙·정주리 옮김(2004).『구문 문법』, 한국문화사.

송몽준(1988). 소리흉내말의 씨가름에 대하여, 한글200호, 한글학회.

송병학(1983). 한국어의 Deictics 분석, 언어 4, 충남대학교. 30.

시정곤(2001). {를}의 정체는 무엇인가? 한국어의 목적어, 월인, 179-201.

신지연(1998).『국어 지시용언 연구』, 태학사.

양명희(1998).『현대국어 대용어에 대한 연구』, 태학사.

연변 언어 연구소(1989).『우리말 의성·의태어 분류 사전』, 연변인민출판사.

우형식(1996).『국어 타동구문 연구』, 박이정, 225-239, 220-226, 227-232.

우형식(1998). 『국어 동사 구문의 분석』, 태학사.

유동석(1993). 국어의 매개변인 연구, 서울대학교 박사 학위 논문.

윤영기(1985). 일·한 양국어 상징어 대조 연구, 계명대학교 대학원 석사학위 논문.

윤평원(2013). 『국어의미론 강의』, 역락.

이관규(1996). 보조동사의 생성과 논항구조, 한국어학 3, 한국어학회.

이기동(1989). 언어 주관성의 문제, 한글 206, 한글 학회,177-208. .

이기동(1997). 관용어, 은유 그리고 환유, 담화와 인지 4-1, 담화·인지언어학 회, 61-87.

이기동 엮음(2000). 『인지언어학』, 한국문화사.

이기우·이정애·박미엽 옮김(1997). 『인지언어학의 기초』, 한국문화사. (Seisako, Kawakam(1997). An Introduction to Cognitive Linguistics).

이문규(1996). 현대 국어 상징어의 음운·형태론적 연구, 경북대 대학원 박사 학위 논문.

이성범 (1999). 『언어와 의미』, 태학사, 295-396.

이성범 (2001). 『추론의 화용론』, 한국문화사.

이성범(2002). 『영어 화용론』, 한국문화사, 170.

이성범(2005). 『영어 지시 표현의 이해: 인지·화용적 접근』, 부북스, 157-173.

이성하 (1998). 『문법화의 이해』, 한국문화사, 153, 153-156.

이수련(2001). 『한국어와 인지』, 박이정, 47-56.

이수련(2006). 『한국어 소유 표현 연구』, 박이정, 27-29, 156-160, 276-277, 156-160.

이수련(2007). 영상 도식의 특질 연구, 새얼어문논집 제19집, 새얼어문학회, 107-126.

이수련(2007). 시간 지시사의 인지론적 해석. 한글 277, 한글학회, 159-184.

이수련(2008). 환유로 본 소유 표현. 언어과학 제 15권 2호, 한국언어과학회, 141-161.

이수련(2009. 공감각으로 본 모양흉내말 연구-시각을 중심으로, 한글 286, 한글 학회, 189-219. 192.

이수련(2009). 겹 목적어 표현 연구.- 참조점을 중심으로, 한국어 의미학 28, 한 국어 의미학회, 171-192.

이수련(2010). 주관화와 의미 해석-개념 화자를 중심으로. 우리말연구 제27 집. 우리말학회. 29-54.

이수련(2011). '내가'와 '나에게'의 대비 분석, 한글 294, 한글학회, 67-88.

이수련(2013). 동사 '보다'의 연구- 시각 동사와 인지 동사로서의 특성을 중심
　　으로, 한민족어문학 제65집, 한민족어문학회, 89-113.
이신우(2004). 개념적 혼성이론에 의한 환유적 의미 구축, 수원대학교 박사학
　　위논문.
이종열(2002). 국어 비유적 의미의 인지과정에 대한 연구, 경북대학교 대학원
　　박사학위논문, 171-180.
이종열(2002). 혼성에 의한 은유적 의미의 인지 과정, 담화와 인지, 제9권 1호.
이정화 외 3인 공역(2003). 『은유-실용 입문서』, 한국문화사, 266.
이윤표(2001). 목적어의 표지 문제. 한국어의 목적어, 월인, 174-177.
이윤표(1997). 『한국어 공범주론. 태학사, 106-107, 208.
임지룡(1992). 『국어의미론』, 탑출판사, 111-115.
임지룡(1997). 『인지의미론』, 탑출판사, 14, 378, 193-201.
임지룡(1998). 주관적 이동표현의 인지적 의미 특성, 담화와 인지 5권2호, 담
　　화·인지언어학회, 181-206.
임지룡·요시모토 하지매·이은미·오카 도모유키 옮김(2004). 『인지언어
　　학 키워드 사전』,한국문화사, 138, 79, 219-220.
임지룡(2006). 『말하는 몸-감정 표현의 인지언어학적 탐색』, 한국문화사.
임지룡(2008). 『의미의 인지언어학적 탐색』, 한국문화사, 323-348.
임지룡·윤희수 옮김(2009). 『인지 문법론』. 도서출판 박이정(Radden Günter
　　·Driven Rene(2007). Cognitive English Grammar. John Benjamins
　　Publishing Company). 434-435.
임혜원(2004). 『공간 개념의 은유적 확장』, 한국문화사.
장경희(1980). 지시어 '이, 그, 저'의 의미 분석, 어학연구 16-2, 서울대학교 어
　　학연구소, 167-185.
전혜영(1997). 여성 관련 은유 표현 연구, 이화어문논집 15, 이화어문학회.
정수진(2005). 미각어의 의미 확장 양상, 한국어 의미학, 한국어의미학회,
　　149-174.
정윤희(2001). '왜'의 함축적 의미 연구, 동의대학교 석사학위 논문.
정원용(1999). 『은유와 환유』, 신지학원.
정희자(2002). 『담화와 추론』, 한국문화사.
정희자(2004). 『담화와 비유어』, 한국문화사.
주경희(1992). 국어 대명사의 담화 분석적 연구, 서울대학교 박사학위 논문.
채영희(1999). 담화에 쓰이는 '-거든'의 화용적 기능, 한국어의미학 3, 한국어
　　의미학회.

채완(1986).『국어 어순의 연구』, 탑출판사, 130-133.

채완(2003). 『한국어의 의성어와 의태어』, 서울대 출판부. 16.

최규수(1994). 시점과 안은 겹월의 격 실현, 한글 224, 한글학회.

최규수(1994). 임자말과 부림말의 기능에 대하여, 한글 225. 109-132. 한글학회, 120, 121-122.

최규수(1999).『한국어 주제어와 임자말 연구』, 부산대학교 출판부.

최호철(1984). 현대 국어의 상징어에 대한 연구, 고려대 석사학위논문, 4-12.

최현배(1982).『우리 말본』, 정음사, 246, 402.

황국산 옮김(2014).『상용심리학 알아보기』, 태을출판사.

허웅(1983).『국어학』, 샘문화사.

호광수(2003).『국어 보조용언 구성 연구』, 역락, 50-51.

홍 순성(1986). 국어 대명사의 조응 현상에 대한 연구, 영남대학교 박사학위 논문.

연변 언어 연구소(1989).『우리말 의성·의태어 분류 사전』, 연변인민출판사.

Aitchison, J. (1987/1994). Words in the Mind: An Introduction to the Mental lexicon. Oxford: Basil Blackwell(임지룡·윤희수 옮김 (1993). 『심리언어학 : 머리속 어휘사전의 신비를 찾아서』, 경북대학교 출판부.).

Ariel, M. (1996). Referring expressions and the +/–coreference distinction. In T. Fretheim and J. K. Gundel, eds., Reference and Referent Accessibility. Amsterdam/Philadephia, John Benjamins, 13-36.

Barcelona, A. (2000). The cognitive theory of Metaphor and Metonymy. In A. Barcelona(ed.), Metaphor and Metonymy at the Crossroads, 1-30, Berlin·New York : Mouton de Gruyter.

Barcelona. A.(ed.). (2000). Metaphor and Metonymy at the Crossroads, Berlin·New York : Mouton de Gruyter.

Barcelona, A.(ed). (2002). Clarifying and Applying the Notions of Metaphor and Metonymy with Cognitive Linguistics: An Update. In R. Dirven and R. Pörings(eds.), Metaphor and Metonymy in Comparision and Contrast, 207-277. Berlin·New York : Mouton de Gruyter.

Barcelona, A. (2003). On the Plausibility of Claiming a Metonymic Motivation for conceptual metaphor. In A. Barcelona(ed.), Metaphor and Metonymy at the Crossroads, 31-58. Berlin·New York : Mouton de

Gruyter.

Blake, Barry. J. (1984). Problems of possessor ascension: Some Australian examples, Linguistics 22:437-53.

Boadi, L. (1971). A Existential sentences in Akan, Foundations of Language 7:19-29.

Bybee Joan L. (1988). Semantic substance vs contrast in the development of grammatical meaning Berkeley Linguistics Society. 14.

Chafe, Wallace. (1970). Meaning and the Structure of language. Chicago: University of Chicago Press.

Chafe, W. (1994). Discourse, consciousness, and time, The University of Chicago. press. (김병원 · 성기철 옮김(2006). 『담화와 의식과 시간 — 언어 의식론』, 한국문화사, 36-39, 281-291.).

Clausner, T. C. & Croft, W. (1999). Domains and image schemas, Cognitive Linguistics 10(1), 1-31.

Cruse, A. (2000). Meaning in Language: An Introduction and Pragmatics, Oxford University. (임지룡 · 김동환 옮김(2002). 『언어의 의미: 의미 화용론 개론』, 태학사.).

David Lee (2001). Cognitive Linguistics : An Introduction, Oxford Uniursity Press(임지룡 · 김동환 옮김(2003). 『인지언어학 입문』, 한국문화사, 10.).

Dirven. R. (2002). Metonymy and metaphor : Different mental strategies of conceptualisation, In R. Dirven and R. Pörings(eds.), Metaphor and Metonymy in Comparision and Contrast, 75-112. Berlin · New York : Mouton de Gruyter, 93.

Dirven, R. and Pörings, R.(eds.) (2002). Metaphor and Metonymy in Comparision and Contrast, Berlin · New York : Mouton de Gruyter.

Evans, V. & Green, M. (2006). Cognitive Linguistics: An Introduction, Edinburgh: Edinburgh University Press(임지룡 · 김동환(2008). 『의미의 인지언어학적 탐색』, 한국문화사, 47-54.).

Evans Vyvtan & Pourcel Stephanie (2009). New Directios in Cognitive Linguistics, John Benjamins Publishing Company.

Fauconnier, G. (1997). Mappings in thought and language, Cambridge: Cambridge University press.

Feyaerts, K. (2000). The scope of metaphor. In Barcelona, A.(ed.). Metaphor and Metonymy at the Crossroads, 79-92, Berlin · New York : Mouton de Gruyter.

Freeze, Ray. (1992). Existentials and other locative, Language, 68-3, 553-95.

Fromm, E. (1978). To have or Be? Harper & row, Publishrs, New York(최혁순 옮김(1986).『소유냐 존재냐』, 범우사.).

Givón, Talmy. (1991). The evolution of dependent clause morpho-syntax in Biblical Hebrew, IN Traugott & Heine, 1991 vol.2.

Geeraerts, D. (2002). The Interaction of and Metonymy in Composite Expressions. In R. Dirven and R. Pörings(eds.), Metaphor and Metonymy in Comparision and Contrast, Berlin·New York : Mouton de Gruyter, 435-465.

Geeraerts, D. Cuyckens, H. (2007), The Oxford Handbook of Cognitive Linguistics, Oxford University Press, 356-394.

Goldberg, Adele. E. (1995). Constructions, A Constructions Grammar Approach to Argument Structure, University of Chicago Press.

Goossens, L. (1990). Metaphtonymy: The Interaction of Metaphor and Metonymy in Expressions for Linguistic Action, Cognitive Linguistics 1, 3, 323-340.

Grundel, J. K., Hedberg, N. and Zacharsk, R. (1993). 「Cognitive status and the form of referring expressions in discourse」, Language 69-2, 247-307.

Haiman, John. (1983). Iconic and Economic Motivation, Language 59, 781-819.

Hawkins, Roger. (1981). Towards on account of the Possessive Constructions: NP'S N and the N of NP, Journal of Linguistics 17, 247-69.

Heine, et al (1991). Grammaticalization, The University of Chicago Press.

Heine, Bernd (1997a), Possession, Cambridge University Press.

Heine, Bernd (1997b), Cognitive Foundations of Grammar, New York, Oxford: Oxford University Press(이성하 · 구현정 옮김(2004).『문법의 인지적 기초』, 박이정.).

Heine, Bernd, Ulrike Claudi, and Friederike Hünnemeyer. (1991). Grammaticalization : A Conceptal Framework, Chicago : University of Chicago Press.

Hopper, Paul J. (1991). On Some Principles of In grammaticalization, In : Traugott & Heine, 1991, vol.1: 17-35.

Hopper, Paul J. & Elizabeth Closs Traugott. (1993). Grammaticalization, Cambridge: Cambridge University of Press(김은일 · 박기성 · 채영희 옮김(1999).『문법학』, 한신문화사.).

Inoue, K. (1975). Some Speculations on Locative, Possessive, and Transitive Constructions, Sopia Linguistica: 41-60.

Jackendoff, Ray. (1976). Toward an Explantory Semantic Representation, Linguistic Inquiry 7. 89-150.

Jackendoff, Ray. (1990). Semantic Structures, Massachusetts Institute of Technology(고석주·양정석 옮김(1999). 『의미구조론』, 한신문화사.).

Jackendoff, Ray. (2002). Foundations of Language, Oxford University Press(김종복·박정운·이예식 옮김(2005). 『언어의 본질』, 박이정.).

Johnson, M. (1987), The Body in the Mind: The Bodily Basis of Meaning, Imagination, and Reason. Chicago: University of Chicago Press(이기우 옮김(1992). 『마음 속의 몸: 의미·상상력·이성의 신체적 기초』, 한국문화사.).

Kövecses, Z. and Günter Radden (1998). Metonymy: Developing a Cognitive Linguistic VIew, Cognitive Linguistics 9:1, 37-77.

Kövecses, Z. (2002). Metaphor : A Practical Introduction, Oxford : Oxford University Press(이정화 외(2003). 『은유: 실용 입문서』, 한국문화사.).

Kövecses, Z. and Szabó P. (1996). Idioms : A View from Cognitive Semantics, Applied Linguistics 17, 326-353.

Kuno, S. (1971). The Position of locatives in existential sentences, Linguistic Inquiry 2, 333-378.

Lakoff, G. (1987). Woman, Fire and Dangerous things: What Categories Reveal about the Mind. Chicago: University of Chicago Press(이기우 옮김 (1994). 『인지의미론』, 한국문화사.).

Lakoff, G. (1993). Contemporary Theory of Metaphor, In Ortony, A.(ed.), 202-51.

Lakoff, G. and. Johnson M. (1980). Metaphor We Live By, Chicago: University of Chicago Press(노양진·나익주 옮김 (1995). 『담화와 비유어』, 서광사.).

Lakoff, R. (1974). Remarks on this and that, Chicago Linguistic Society 10, 345-356.

Langacker, Ronard W. (1987), Foundation of cognitive grammar, Vol Ⅱ: Descriptive application, Stanford/California: Stanford University Press, 97-102.

Langacker, R. W.(1990). subjectification, Cognitive Linguistics 1, 5-38.

Langacker R. W. (1993). Reference-point Constructions, Cognitive Linguistics 4, 30.

Langacker, R. W. (1999). Grammar and Conceptualization, Berlin New York : Mouton de Gruyter(김종도 · 나익주 옮김(2001). 『문법과 개념화』, 박이정.).

Lyons, J. (1967). A Note on Possessive, existentential and other locative Sentences, Foundations of Language 3, 390-39.

Lyons, J. (1977). Semantics II, Cambridge: Cambridge Univ Press.

McGregor William B. (2005). The Expression of Possession, Berlin · New York : Mouton de Gruyter.

Miller G. A & Johnson-Laird, P. N. (1976). Language and Perception, The Belknap Press of Harvard Univ. Press, Cambridge, 558-583.

Neisser, Ullric. (1993). The Self Perceived, Neisser, 3-21.

Neisser, Ullric. ed. (1993). The Perceived Self: Ecological and Inter- personal Sources of Self-knowledge, Cambridge University Press, Cambridge, 3-21.

Nunberg, G. (1994). Idioms. Language, Vol 70 No 3, Staford University.

Nunberg, G. (1995). Transfers of Meaning, Journal of Semantics12-2, 109-132.

Peña, M. Sandra (2003). Topology and Cognition: What Image-schemas Reveal about the Metaphorical Language of Emotions. Lincom Europa.(임지룡 · 김동환 옮김(2006). 『은유와 영상 도식』, 한국문화사.).

Radden Günter. (2000). How metonymic are metaphors? In A. Barcelona(ed.), Metaphor and Metonymy at the Crossroads. 93-108, Berlin · New York : Mouton de Gruyter.

Radden & Köevecses. (1999). Towards a Theory of Metonymy. In K. Panther and G. Radden(eds), Metonymy in Language and Thought. 17-59. Amsterdam · Philadelphia: John Benjamins Publishing Company.

Reed, Edward S. (1996). Encountering the world: Toward an ecological psychology, Oxford: Oxford University Press.

Riemer, N. (2002). When is a metonymy no longer a metonymy? In R. Dirven and R.Pörings(eds.), Metaphor and Metonymy in Comparision and Contrast. 379-406, Berlin · New York : Mouton de Gruyter.

Rosch, E. (1973). Natural categories, Cognitive Psychology 4, 328-350.

Rosch, E. (1975). Cognitive representations of semantic categories, Journal of

Experimental Psychology: General 104.

Seto, Ken-Ichi (1999). Distinguishing Metonymy from synecdoche. In Klaus -Uwe Panther & Günter Radden(eds), Metonymy in Language and Thought. Amsterdam: John Benjamins Publishing Company.

Stolz, T. (2001). To be with X is to have X, Linguistics.

Sweetser, Eve Eliot. (1988). Grammaticalization and semantic bleaching, Berkeley Linguistics Society 14, 389-405.

Sweetser, Eve. E. (1990). From Etymology to Pragmatics, Cambridge University Press, 61.

Talmy, L. (1985). Lexicalization patterns: semantic structure in lexical forms. In Shopen, T.(ed.). Language Typology and Syntactic Description. Vol 3, Cambridge: Cambridge: University Press, 57-149.

Unger, F. & Schmid, H. (1996). An Introduction to Cognitive Linguistics, London & New York: Longman.(임지룡·김동환 옮김(1998).『인지언어학 개론』, 태학사.).

Vendler, Zeno (1967). Linguistics in Philosophy, Cornell University Press.

Warren, B. (1999). Aspects of Referential Metonymy. In K. Panther and G. Radden(eds), Metonymy in Language and Thought. 121-135. Amsterdam · Philadelphia: John Benjamins Publishing Company.

Warren, B. (2002). An Alternative Account of the Interpretation of Referential Metonymy are Metaphor. In R. Dirven and R. Pörings(eds.), Metaphor and Metonymy in Comparision and Contrast, 113-130. Berlin · New York : Mouton de Gruyter.

Williams, J. M. (1976). Synaesthetic Adjectives: A Possible Law of Semantic Universals, Language 52(2), 461-78.

Yoshiki Ogawa. (2001). The Stage/individual Distinction and (In)Alienable Possession. Language 77-1.

개념화와
의미 해석

부록

찾아보기

255